新版・教会暦による説教集

イースターへの旅路

レントからイースターへ

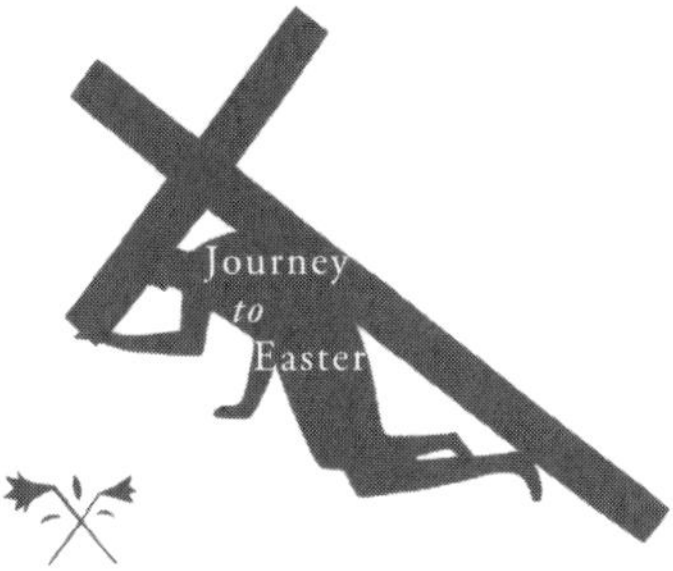

荒瀬牧彦 編

キリスト新聞社

新版・刊行のことば

二〇〇六年に『教会暦による説教集』シリーズが出版されてから、既に一五年が経過しました。この間に、世界も日本も大きく変化しました。二〇一一年の東日本大震災、それに伴う福島第一原子力発電所事故は、社会を大きく揺り動かすものでしたが、これまでの神学を問うものでもありました。そしてこの「刊行のことば」を、二〇二〇年の世界的な新型コロナウイルス感染拡大のまっただ中に書いています。世界的に何カ月にもわたって礼拝を中止し、礼拝は再開されたものの元には戻れないというキリスト教史上、未曾有の経験をしています。全世界的に社会が変化したこの状況の中で、教会は何を語るのかが大きく問われています。

アドヴェントからクリスマス、レント、イースター、ペンテコステを巡っていく教会暦は、それこそ二〇〇〇年近く繰り返されてきていますが、同じ説教が語られてきたわけではなく、その時々にふさわしく、また新しく福音の意味が問い直され、語り直されてきました。旧約聖書、詩編、福音書、使徒書の聖書箇所が示されている教会暦で説教するということは、一つのテキストからだけではなく、聖書全体から福音を聴くという試みでもあります。それは、現代においてそもそも「聖書」を読む意味があるのかという問いに答えるチャレンジでもあります。今回の新しい「教会暦による説教集」シリーズにおける新たなチャレンジと、前回の説教集との変化も感じ取っていただければと思っています。

二〇二〇年八月

越川弘英
中道基夫
荒瀬牧彦

目次

受難節

復活節

受難節 －レント－

灰の水曜日から
受難日へ

灰の水曜日

神への全集中

日本基督教団　高槻日吉台教会　吉岡恵生

マタイによる福音書六章一六―二一節

「断食するときには、あなたがたは偽善者のように沈んだ顔つきをしてはならない。偽善者は、断食しているのを人に見てもらおうと、顔を見苦しくする。はっきり言っておく。彼らは既に報いを受けている。あなたは、断食するとき、頭に油をつけ、顔を洗いなさい。それは、あなたの断食が人に気づかれず、隠れたところにおられるあなたの父に見ていただくためである。そうすれば、隠れたことを見ておられるあなたの父が報いてくださる。」

「あなたがたは地上に富を積んではならない。そこでは、虫が食ったり、さび付いたりするし、また、盗人が忍び込んで盗み出したりする。富は、天に積みなさい。そこでは、虫が食うことも、さび付くこともなく、また、盗人が忍び込むことも盗み出すこともない。あなたの富のあるところに、あなたの心もあるのだ。」

イギリスの作家ロバート・ルイス・スティーヴンソンの代表作『ジキル博士とハイド氏』には、人間が持つ善と悪の二面性が描かれています。この小説に描かれている人間の二面性を、「解離性同一性障害」をテーマにしたものだと説明する人もいますが、私はこれを特定の「障害」として捉えるのではなく、もっと普遍的なテーマとして受け止めるべきだと思っています。すなわち、すべて人間は、多かれ少なかれ、善と悪の二面性を持つ存在として生きているのだということです。

善と悪と言われると抵抗を感じる方もおられるかもしれません。しかし私たちは皆、置かれた状況や立場、あるいは誰と一緒にいるか、誰に見られているかによって、心にあるものや、行動を変えて生きることがある存在だと言えるのではないでしょうか。この社会において、私たちは色々な顔を持つ者として生きています。家庭においては、親としての顔もあれば子としての顔もあるでしょう。職場においては、上司としての顔もあれば部下としての顔もあり、地域コミュニティにおいては、友人としての顔もあれば、他人としての顔もあるでしょう。

教会ではどうでしょうか。教会というところでも、私たちは教会の外とは違った一つの顔を持っているかもしれません。ある教会の方がこう言うのを聞いたことがあります。「教会に来ればいい顔をしているけれども、うちの連れ合いは家ではひどい言葉を吐き捨てるんですよ」。私はこの言葉を聞いた時、驚くことはありませんでした。それはそうだろうなと思ったのです。私自身も、教会では牧師としての顔があります。しかし、その他のところで私はどう生きているかと問われれば、やはり教会では牧師であることを自覚し、教会の方々と共に生きていることを意識するからこそ、自分の中に生み出される顔があり、行動があることを思うのです。つまり教会の外では、教会では見せることのない顔を持つことがある。しかし、どちらも私なのです。この現実を、私は否定することができません。

こうした二面性のすべてが、ジキルとハイドのように善と悪二つに分かれているというわけではないでしょう。しかしやはり、私たちは自分が置かれた状況や立場、誰と一緒にいるか、誰に見られているかによって心や行動を変えることのある存在として生きている。そこには、善と悪と呼べるような二面性も時に現れる。そのことを否定することはできないのではないかと思うのです。

教会の暦において、本日は灰の水曜日と呼ばれる日です。今日からイースターまでの四六日間、日曜日を別にすると四〇日間、私たちはレント（受難節）の時を歩みます。この期間に私たちは、イエス・キリストの受難と十字架の死を想い起こし、その出来事が私にとって、どのような関わりがあるのかを深く問います。この問いを深めれば深めるほど、私たちは主の復活の意味をより深く知る者とされ、大きな喜びと感謝を持ってイースターを迎えることができるようになるのです。

イースターの喜びをより深く味わうために、なくてはならない大切な準備の時。それが、レントと呼ばれる期間であり、その期間の始まりを告げる日が、今日私たちが覚えています灰の水曜日であるのです。

聖書において灰とは、死や悲しみ、罪の告白や悔い改めを象徴する言葉として用いられています。また灰は、長く深い祈りを象徴するものであるとも考えられてきました。

祈っているうちに、頭や肩に塵《ちり》が積もってくる。それほど長い時間祈り続ける。祈りに全神経を集中させる。このような状態を象徴する言葉として、「灰」が用いられることがあるのです。

まさに灰の水曜日は、イエス・キリストの死を悲しみ、その死が私の罪のために果たされた神の御業であることを心に刻みながら、罪の告白と、悔い改めへと私たちの全神経を集中させるようと招いている日であるのです。もちろん、この日だけでありません。この日から始まって私たちは、レントの期間、さらには生涯の信仰生活にわたって、この姿勢を大切にしていくことを求められているのです。しかし、何事にも始まりが必要です。きっかけが必要です。日々、この世の様々なことに目を奪われ、心を奪われている私たちが、神を見つめ、神の御業を見つめ、そして私自身を見つめていく。その道へと足を踏み入れていくためのスタートの合図が必要です。それが灰の水曜日、今日私たちが迎えている日であるのです。

与えられた御言葉には、私たちが日々どこを見て生きているのかという問いが示されています。

イエス・キリストはある日、弟子たちと群衆を前にして次のように語られました。

「断食するときには、あなたがたは偽善者のように沈んだ顔つきをしてはならない。偽善者は、断食しているのを人に見てもらおうと、顔を見苦しくする。はっきり言っておく。彼らは既に報いを受けている」（一六節）

断食はユダヤ教において、最も重要な信仰の行いの一つです。特に贖罪日（ヨム・キプル）と呼ばれる祭りの日には、断食をすることを通して神の御前で謙遜を表し、神の恵みを受ける備えをするのです。あるいはまた、干ばつの時に作物の収穫が危ぶまれると、彼らは断食をし、神が恵みの雨を降らせてくださることを期待したと言われます。いずれにしても断食は、人の心を神に向けさせ、人の行いによらず、神の御業によって生かされることを期待する、信仰の行いであったのです。イエスもそのことはよくご存じでした。だからこそイエスは、断食自体を否定することはしなかったのです。

しかし、当時の多くの人々は、断食の本来的な意味を忘れ、人々からの賞賛を得るために断食をするようになっていました。心を神に向け、全神経を神に向けるために断食がなされていたはずであったのに、気がつけばその心は、周囲の人々から賞賛を得ることに向けられ、断食をすることで「あなたは信仰深い」と人々に認められることが目的になっていた。イエスが「彼らは既に報いを受けている」と語っているのは、まさにこのような状況を背景にしています。事実、彼らは断食をすることを通して、人々からの賞賛を得るという報いを既に受けていたのです。

イエスはそのことを指摘しつつ、「違うやろ」と問いかけるのです。断食は本来、何のためにすることであったのか。それは、あなたのすべてを、神に向けるためであったのではないか。もしそうであるならば、あなたは人々の目を気にする必要もないはずであるし、むしろ人々から非難され、嘲《あざ》笑われるようなことさえも、神のためにと厭《いと》わず行うことができるのではないか。イエスは、そのような論調をもって、続く一七節以下の言葉を語ります。

「あなたは、断食するとき、頭に油をつけ、顔を洗いなさい。それは、あなたの断食が人に気づかれず、隠れたところにおられるあなたの父に見ていただくためである」（一七－一八節）

イエスのこの言葉は、当時の人々からすれば驚くべき言葉であったと思います。なぜなら、頭に油をつけ、顔を洗うということは、人々が断食をする贖罪日には禁じられていたことであったからです。

イエスは実に巧妙に、人々に対して本当に周囲の目を気にせず、神に全神経を集中させて断食をすることができるのかと問いかけています。なお周囲の目を気にして生きる多くの人はこう思うのです。「断食をしても、頭に油をつけ、顔を洗ってしまっては、人々から非難されるではないか。なんと中途半端な行いだと嘲笑われるではないか」と。しかし、まさにその葛藤をこそ、イエスは人々の心に呼び起こしたかったのです。

人の目を気にするならばそれはできない。しかし、もしあなたが神にすべてを集中させるならばそれはできる。断食は、人々に見られるためにではなく、人々から褒められるためにでもなく、人々から隠れたところで、神だけに見てもらうために、そしてあなたが神だけを見つめるために行う業であるからだ。神は、あなたのその行いに必ず報いてくださる。そのことを信じるならば、あなたはそれを行うことができるはずではないか。イエスは、そのように問いかけるのです。

以前アメリカで牧会をしていた時に、とても印象深い灰の水曜日礼拝に出席したことがあります。近隣の七つの教会が合同で行うその礼拝は、多くの人が行き交う、駅の改札口前で行われました。七人の牧師たちは、それぞれの教会から灰を持参していました。この灰は、一年前の棕櫚《しゅろ》の主日礼拝で使われた棕櫚の葉を一年間乾燥させ、それを燃やして灰にし、さらにそれをオリーブオイルと混ぜ合わせたものでありました。

私たちは賛美歌を歌い、祈りをささげ、数分ごとに電車が到着するたびに改札を行き交う人々に、その灰の存在を大声で伝えました。「今日は灰の水曜日です。私たちの罪のために苦難を背負い、十字架の死を遂げてくださったイエス・キリストを覚え、自らの罪を告白する悔い改めの時を持ちましょう」。すると、忙しそうに行き交う人々の中から、一人、また一人と足を止め、私たちのもとにやって来る人々が現れたのです。ある人は「アーメン」と言い、ある人は無言で目の前に立ち、ある人は涙を流しながら、自らの罪を告白しました。私たちは、その人々の額に灰で十字を描き、「私たちは塵から造られ、塵に帰る者であることを覚えましょう。神があなたを祝福してくださるように」と言葉を添え送り出しました。

私にとってこの経験は、実に驚くべきものでした。日本においてはなかなか見ることのできない光景です。キリスト教国と言われるアメリカならではの灰の水曜日の光景だと言えるかもしれません。多くの人々が、額に十字の印をつけたまま、この改札から、それぞれの行くべきところへと出かけていくのです。

私は隣にいた牧師に聞きました。「日本では考えられないことだ。あの人々は、駅前で額に十字の印をつけられ、またそこから職場に行ったり、買い物に行ったりするわけでしょう。恥ずかしいとか思わないのだろうか。日本だったら、クリスチャンであっても考えあぐねて、牧師たちの前を素通りしていく人も多いのではないか」。すると牧師は答えました。「誰も、他の人の目なんか気にしていないよ。皆、神様と自分の関係だけに集中しているんだから。日本のクリスチャンたちは、そんなに周りの目を気にしているのかい？」。逆に問い返されて、私は恥ずかしくなりました。私が言った「日本だったら」というのは、言い換えれば「私だったら」という言葉であったのです。「私だったら、恥ずかしくて駅前で額に十字の印を受ける気にはなれないだろう。受けでもしたら、そのまま次に行くところに足を運ぶことなどできないだろう」。私はそのように思っていたのです。

神に全神経を向けていくように招かれている灰の水曜日。その礼拝に牧師として立っているにもかかわらず、私の心はなお神ではなく、人々の目を気にしていた。その現実を恥ずかしく思いながら、私もその場で悔い改めの祈りへと導かれる一人とされました。

人目を気にしていてはできないことがあり、しかし、神だけを見つめるならばできるようになることがある。そのことを教えられた日でありました。

イエスは、人目を避けて断食をするようにと言われましたが、駅前での礼拝は、むしろ人目につくところで行われました。しかし、それは表面上は人目につくところで行われていても、集う人々の心は人目を気にせず、神に向けられていたのです。この時に、私は気づかされました。このイエスの御言葉は、物理的に人から隠れるということよりも、私たちの心が人目を気にせず、完全に神に向けられていくことを求める御言葉であったのだと。

人混みの中にいようと、社会の中に生きようと、私たちはいつも問われているのです。あなたはどこを見て、何を意識し生きているのかと。ひとりぼっちになった静けさの中でのみ、神と向き合えるというのではなく、世の騒々しさや、人々の悪意が充満する空間に身を置いてもなお、あなたは誘惑に負けず、神を見つめ、神の眼差しに気づき、神の御心のある道を歩むことができるか。そのことのために、あなたの全神経を研ぎ澄ませていくことができるか。イエスはそのことを、弟子たちや群衆に、そして今日、私たちに問いかけているのではないかと思うのです。

イエスはまた、「地上に富を積んではならない」（一九節）、「富は、天に積みなさい」（二〇節）と語られました。富と聞けば、私たちはすぐに金銭的な富を思い浮かべるかもしれませんが、ここで言われている富とは、賞賛を得ること、名誉を与えられること、認められることなど、自分という存在を輝かせ、高めるための様々な要素だと理解してよいでしょう。つまりこの御言葉も、直前までの御言葉と同様に、あなたは人の目を気にするのではなく、神の眼差しを気にしなさいというイエスの御言葉であるのです。

「あなたの富のあるところに、あなたの心もあるのだ」（二一節）

イエスはそのようにも言われます。あなたの心はどこにあるのか。あなたが人からの賞賛を得ようとするならば、その心は人のことばかりを気にしている。あなたが、神から認められることを求めるならば、その心は神の方を向いていることになる。あなたはどうなのか。イエスはそう問いかけるのです。

今日冒頭で、人間は皆、善と悪の二面性を持っていると言いました。そしてその二面性は、私たちが置かれた状況や立場、私たちが誰と一緒にいるか、誰に見られているかによって変化すると言いました。私たちはどこまでも、罪の力の影響を受けてしまう存在です。自らの生き方に注意深くあっても、私たちは知らず知らずのうちにも罪をおかしてしまう存在です。この罪を清めるためには、イエス・キリストの十字架の恵みに与るほかありません。その意味では、最後は他人任せであるのです。しかし、だからと言って、私たちは何もしなくてもよいのかと言えば、そうではありません。十字架に現される神の愛と恵みに感謝するからこそ、私たちはその愛と恵みに応え、神に精一杯の感謝をささげるものとして、神の助けを受けつつ、自らの生き方を問い続けていくのです。

善と悪の二面性を持つ私たちが、できる限り、神の御心に適う善を行っていくために、そして、できる限り、悪を断ち切って生きるために、私たちにできることを果たしていきたいと思うのです。そのために、重要なことが今日示されました。それは、地上に富を積まず、天に富を積むということであり、人々から賞賛を受けることや、人々の目を気にして生きることから、神を見つめ、神の眼差しに気づき、何が神の喜ばれることなのかを追い求めて生きていくこと。そのことだけに、全神経を集中させていくこと。そのことを通して私たちは、自らのうちにある善と悪の心から、善の心を呼び起こして生きる者へと、少しずつ導かれていくのではないかと思うのです。

あなたは、何を気にして生きていますか。人の目ですか。神の眼差しですか。神を見つめて、神の眼差しを感じて、生きようではありませんか。

レントの始まりの日を告げる灰の水曜日。今日、その決意を新たにして、神と共に歩んでいく日々へと、ここから出かけていきたいと願います。

日本基督教団　高槻日吉台教会　吉岡恵生

受難節第一主日

神はレンタル救世主？

日本基督教団　北千里教会　宮岡真紀子

出エジプト記一七章三―七節

しかし、民は喉が渇いてしかたないので、モーセに向かって不平を述べた。「なぜ、我々をエジプトから導き上ったのか。わたしも子供たちも、家畜までも渇きで殺すためなのか。」

モーセは主に、「わたしはこの民をどうすればよいのですか。彼らは今にも、わたしを石で打ち殺そうとしています」と叫ぶと、主はモーセに言われた。

「イスラエルの長老数名を伴い、民の前を進め。また、ナイル川を打った杖を持って行くがよい。見よ、わたしはホレブの岩の上であなたの前に立つ。あなたはその岩を打て。そこから水が出て、民は飲むことができる。」モーセは、イスラエルの長老たちの目の前でそのとおりにした。彼は、その場所をマサ（試し）とメリバ（争い）と名付けた。イスラエルの人々が、「果たして、主は我々の間におられるのかどうか」と言って、モーセと争い、主を試したからである。

マタイによる福音書四章一―一一節

さて、イエスは悪魔から誘惑を受けるため、〝霊〟に導かれて荒れ野に行かれた。そして四十日間、昼も夜も断食した後、空腹を覚えられた。すると、誘惑する者が来て、イエスに言った。「神の子なら、これらの石がパンになるように命じたらどうだ。」イエスはお答えになった。「『人はパンだけで生きるものではない。神の口から出る一つ一つの言葉で生きる』／と書いてある。」次に、悪魔はイエスを聖なる都に連れて行き、神殿の屋根の端に立たせて、言った。「神の子なら、飛び降りたらどうだ。『神があなたのために天使たちに命じると、／あなたの足

日本基督教団　北千里教会　宮岡真紀子

が石に打ち当たることのないように、／天使たちは手であなたを支える』／と書いてある。」イエスは、「『あなたの神である主を試してはならない』とも書いてある」と言われた。更に、悪魔はイエスを非常に高い山に連れて行き、世のすべての国々とその繁栄ぶりを見せて、「もし、ひれ伏してわたしを拝むなら、これをみんな与えよう」と言った。すると、イエスは言われた。「退け、サタン。『あなたの神である主を拝み、／ただ主に仕えよ』／と書いてある。」そこで、悪魔は離れ去った。すると、天使たちが来てイエスに仕えた。

わたしには幼馴染みの親友がいます。彼女とは幼稚園の頃に出会いました。幼稚園は教会の敷地内にあり、小学校に進学後も両親に連れられて教会に通っていたわたしは、同じように親と一緒に来ていた彼女と毎週日曜日に教会で遊ぶことを楽しみにしていました。主日の子ども礼拝が終わり、その後の一般礼拝の時間帯に園庭などで何人かと一緒に遊んで過ごしたことは、幼い頃の楽しかった思い出として今でも色濃くわたしの心に残っています。園庭の遊具で遊ぶこともあれば、こっそり花壇に入り、きれいな小石を見つけて喜ぶこともありました。そんなふうに何気ない日曜日の午前中を過ごしていましたが、心の距離も近かったその親友とはぶつかり合うこともしばしばあったように思います。一度、彼女とケンカをしてしまった時、その詳細な理由はすっかり忘れてしまいましたが、わたしたちは「自分たちが親友である証拠は何もないではないか、あるなら今すぐ見せてほしい」というようなことを言って、お互いを困らせたことがありました。

今思えば、親友である証拠を見せてほしい、あなたの方からそれをわたしに提示してわたしを安心させてほしいという気持ちでいっぱいだったのでしょう。そこには、自分の至らなさを十分知っているにもかかわらず、相手の非ばかりを指摘してしまう自分を、相手がそれでもなお親友として大切な存在なのだと、示してくれることを期待する姿がありました。自らそれを示す行動に移るのではなく、不安になっているがゆえに、「あなたの方からその証拠を目に見える形で示してほしいのだ」と主張するだけの姿です。自分の弱さゆえに、そのように他者を試してしまっているのです。

後日、仲直りしたわたしたちは、園庭の花壇に落ちていたきれいな小石を拾いました。わたしたちはそれを親友のしるしとして持ち帰り、大切に小箱に入れたのを覚えています。がらくたに過ぎないこの小石は、二人が親友であることの証となり、目に見える形でそれを象徴するものとして、わたしたちにとって大切なものとなりました。

　もちろんその小石があることによって、これからもわたしたちが親友であり、二人の信頼関係が続いていくことが保証されるというものではありません。彼女との親友の証であるその小石は、それからも箱に納めて大切にしていましたが、おとなになり、わたしはいつの間にかそれをなくしてしまいました。しかし大切な証の品である小石がなくなっても、彼女がわたしの親友であることに変わりはないのです。


　出エジプト記一七章一節以下には、荒れ野を旅しているイスラエルの人々が飲み水のない場所でモーセに詰め寄る場面が描かれています。イスラエルの人々はシンの荒れ野から旅立ち、シナイ半島を南下してレフィディムに宿営しましたが、そこには飲み水がなかったのでした。飲み水のない場所にイスラエルの人々が置かれるということは、一五章二二―二七節においてすでに起こっており、また民数記二〇章一節以下においても、この課題でイスラエルの人々はモーセらに不平を吐いたことが記されています。

　荒れ野の旅路において、安全な水の確保は必要不可欠です。ここでも人々は、再びモーセと争い不平を述べました。「我々に飲み水を与えよ」（二節）と。これに対しモーセは、「なぜ、わたしと争うのか。なぜ、主を試すのか」（二節）と応え、人々が試そうとしているのは神であると指摘しました。

飲み水がないという危機に瀕しているのは、モーセも同じなのです。彼は一六章八節においても「一体、我々は何者なのか。あなたたちは我々に向かってではなく、実は、主に向かって不平を述べているのだ」と人々に語り、イスラエルの人々がモーセに詰め寄り、不平を吐き、彼と争うことは、神の約束を疑うことを意味し、神を試みることそのものなのだと主張しました。

しかし、イスラエルの人々は「なぜ、我々をエジプトから導き上ったのか」（三節）と、さらにモーセに不満をぶつけ、モーセが自分たちを殺そうとしているのではないかとさえ言い出します。ここには、モーセも同じく飲み水を必要としているひとりの人であることは人々の眼中にはなく、困った状況に不平を吐くだけで、モーセが事をうまく解決へと運ぶのが当然だとする姿が浮き彫りになっています。人々は「果たして、主は我々の間におられるのかどうか」（七節）と言って、モーセと争い、神を試したのでした。

神を試すこと。それは神が本当におられるのかどうかという神の存在証明を越えて、神を自分の意のままに操作しようとすることです。顧みてわたしたちもまた、時にそのことに無自覚でありながら、神を自分の願望をかなえるための道具とし、その存在を自分に都合よく位置付けてしまうことがあります。自らの置かれた状況に不満をぶつけ、自らが変わるよりも状況が変わることを望み、他者が自分に都合よく変わってくれることばかり期待するのです。イスラエルの人々も、もし神が本当に自分たちの間におられるのなら、今ここで飲み水を与えてくださるはずだ、そうして自分たちを救いへと導いてくださるはずだという期待を抱いていました。神がいるのならその証拠を救いの業として具体的に見せてほしい、あなたの方からそれをわたしに提示し、わたしを安心させてほしいという気持ちが、イスラエルの人々を支配していたのです。ここには、その結果次第で神への信仰を形作り、自分たちが考える視覚的な確かで安定したものに信仰を変えてしまう誘惑があります。

これと同様のこととして、マタイによる福音書四章一節以下にあるイエスの誘惑の場面が挙げられます。イエスは、四〇日間、昼も夜も断食した後に空腹を覚えられたとあります。イエスが「空腹を覚えられた」（二節）ことは、人間の弱さそのものを担っていることを表し、その弱さの中でイエスは試みに遭われました。そして、イエスがその弱さの中で試みに遭われた場所は、イスラエルの人々が飲み水が与えられないことでモーセに詰め寄った場所と同じく、「荒れ野」でした。

荒れ野は、風土としては岩と砂が象徴する荒涼とした世界です。それは人気のない場所であり、人里離れた寂しい場所です。イスラエルの人々にとっては、神の約束された目的地への到着が数日、数週間先ではなく、何年も先となり、次第に心の拠り所が失われ、荒れ野はもはや地理的場所ではなく、心の状態となっていました。そして物語は、しだいに約束と成就の間に置かれた人々の物語となっていくのです。

そのような場所である荒れ野。福音書には、イエスはその公生涯において、時に人里離れた寂しい場所でひとり祈られたのだとあります。また人里離れた場所での祈りは、ゲツセマネの祈りにも表されています。

バプテスマのヨハネから洗礼を受け、宣教の業へと向かうイエスの公生涯は、まさに荒れ野での試みから始まります。それは、宣教を始める前に誘惑を受けて自分の信仰を試し、自分を鍛錬しようというような、イエスご自身の決断によるものではありませんでした。一節に「〝霊〟に導かれて荒れ野に行かれた」とありますが、原文では「行かされた」という意味で受け身形になっています。そのように、自分の思いや希望とは違うところから起こった誘惑を、イエスは受けられたのです。

そこでは「誘惑する者」が登場します。そして空腹のイエスに、まず石をパンに変えるように命じてはどうかと語り、次に神殿の屋根の上から飛び降りることを勧め、最後は高い山から世のすべての国々とその繁栄ぶりを見せて、もし自分にひれ伏すならこれをみんな与えようと迫ります。イエスは「誘惑する者」によるこれらの試みに対して、「人はパンだけで生きるものではない。神の口から出る一つ一つの言葉で生きる」（四節）、「あなたの神である主を試してはならない」（七節）、最後は「あなたの神である主を拝み、ただ主に仕えよ」（一〇節）と、その都度、申命記の言葉を用いながらそれらを退けていきました。自らの能力や知性、修練の結果ではなく、イエスは、み言葉によってこれらを退けられたのです。ここには、神の言葉に対する神の子の従順な姿があります。

「誘惑する者」に従って石をパンに変えてしまうことも、たとえ神殿の屋根から飛び降りようとも神による助けが得られることもすべて、神の救いの業を自分の都合のよいように操作し、自分の願望をかなえるための道具として神を位置付けることを意味しています。そして、神を自分の意のままに操作し、希望や期待をかなえてくれる都合のよい存在に位置付けることは、「もし、ひれ伏してわたしを拝むなら」（九節）との悪魔の言葉に集約されています。

わたしたちも、人生の中で愛する人を失ったり、病気になったり、思わぬ災害に遭ったりして心が飢え渇き、まさに飲み水が与えられない人生を歩まされているかのような経験をすることがあります。思い通りにいかない日々の中で自らの弱さを突きつけられ、救いの神はどこにいるのか、いるのならわたしをこんな目に遭わせるはずがないと主張したくなります。ささやかな日常の中でも、他者との些細《ささい》な行き違いによって、自分が大切にされていないと感じることから不安が生まれ、自分が大切にされているその証拠を見せてほしいと相手に詰め寄り、神から与えられている大切な隣人を試してしまうのです。

しかし、そんな弱さを抱えて生きるわたしたちに、愛の神は、心の渇きを潤す水を常に与えてくださっています。

かつてわたしは、根本的な治療法のない筋ジストロフィーという病と共に生きた方と出会ったことがあります。彼は、幼い頃に医師から筋ジストロフィーであることを告げられました。それからご両親は、難解な医学書を読み専門医を求めて全国行脚されました。彼の父親は、「神はわたしたち一家の上に大きな黒い十字架を置きました」と手記に記しました。母親も「なぜ、罪のないこの子どもに背負いきれない重荷を負わせるのか」と、何度も涙を流されたそうです。この病気のおそろしさは、次第に症状が進行し、ある日突然歩けなくなり、呼吸が困難になり、そして二十歳前後の若さで死ぬということにあります。ベッドの上での生活で、起き上がることはもちろんのこと、自力で寝返りを打つこともできなくなります。

けれども、彼は病と真摯に向き合う中で、「祈りの言葉は『神さま、こんなわたしを用いてくださってありがとうございます。これからもいっぱい用いてください』に尽きる」との言葉を残されました。このような祈りの言葉を、信仰の証として彼が語るまでには、言葉に言い表せないほどのやりきれない思いを何度も経験したということがあったでしょう。けれども彼は、病と共に歩む自らの人生をいつも聖書の言葉と照らし合わせ、み言葉によって生かされていることを教えてくださいました。愛の神が、心の渇きを潤す水としてのみ言葉を、常にわたしたちに与えてくださっているということを。そして彼は、四九歳一〇ケ月のご生涯を、み言葉と共に懸命に生きられたのでした。

イスラエルの人々の渇きとモーセの叫びを聞かれた神は、イスラエルの長老数名を伴い、ナイル川を打った杖を持って進み行くようにモーセに告げました（出エジプト一七章五節）。そして、モーセが杖で岩を打つと岩から水が出て、飲み水が与えられたのだとあります。そこはホレブの岩でした。その岩の上で神はモーセの前に立つと言われました。

ホレブとは、モーセが初めて神から語りかけられた場所であり、イスラエルの人々をエジプトから導き出すように命じられた場所です（三章一〇―一二節）。しかも、「わたしは必ずあなたと共にいる。このことこそ、わたしがあなたを遣わすしるしである」（一二節）という心強い約束を神から受けた場所でした。

イスラエルの人々をエジプトから導き出し、神の約束された地に向かって人々を率いるように命じられたモーセでしたが、幾度となくイスラエルの人々と言い争い、彼自身も孤独を味わったことと思います。けれどもこのホレブで、あらためてモーセは「決してひとりではない。神は共にいる」ことを知らされたのでしょう。

また七節にはイスラエルの人々が、「果たして、主は我々の間におられるのかどうか」と言って、モーセと争い神を試したことが、マサ（試し）とメリバ（争い）という地名になったことが述べられていますが、この出来事はモーセだけでなくイスラエルの人々にとっても、「神は我々と共にいる」とのみ言葉を心に刻む体験として大切なものとなったことでしょう。

わたしたちは、荒れ野での二つの出来事を見てまいりました。荒れ野は、岩と砂だけの荒涼とした世界です。旅の「途上」で荒れ野に置かれたイスラエルの人々は、神の約束された土地まで長い距離を行かねばなりませんでした。そんな中で人々の心の拠り所は失われ、人々はモーセと争い神を試しました。また、荒れ野でイエスが空腹を覚えられたことは、人間の弱さそのものを担っていることを指しています。イエスは、そのような弱さの限界の中で様々な試みに対し、神の口から出る一つ一つの言葉によって人は生きること、神を試みず、むしろ神に仕えることを説かれました。

後に、使徒パウロは「わたしが与える水を飲む者は決して渇かない。わたしが与える水はその人の内で泉となり、永遠の命に至る水がわき出る」（ヨハネ四章一四節）というイエスの言葉から、神の示された岩を打つことによってモーセが水を得た「この岩こそキリストだったのです」（第一コリント一〇章四節）、と証したのでした。

わたしたちにとって荒れ野とは、み言葉によって生きることを回復させられる場所を意味するのではないでしょうか。不条理な現実を前にするとわたしたちは、「ご安心くださ〜い。そんな時には一本お電話を〜！」、ヘルプアプリを押すだけで「あなただけのヒーロー参上！」と美しい俳優が登場するドラマのように、まるでレンタル品のごとく神を都合よく用いようとしてしまうものです。

そんな弱さを抱えて生きるわたしたちに、神は「わたしは必ずあなたと共にいる」と言って、決して渇くことのない水としてのみ言葉を与えてくださっています。人生の途上で、暗闇に囲まれ孤独な時には、み言葉を灯《あか》りにして道を探しなさいと。しるしや奇跡といったようなレンタル救世主を求めるよりも、み言葉を杖にして起き上がり、神に仕え、隣人に仕える道に立ち帰るように、神は今日もあたたかいみ手でわたしたちの背中をそっと押してくださっています。

決して渇くことのない、いのちのみ言葉を受け、わたしたち自身が神によって用いられることを祈り求める道へと、共に歩み出してまいりましょう。

【引用文献】

「レンタル救世主」、日本テレビ、二〇一六年一〇月期放送ドラマ

【参考文献】

T・E・フレットハイム『現代聖書注解　出エジプト記』小友聡訳、日本基督教団出版局、一九九五年

日本基督教団　北千里教会　宮岡真紀子

受難節第二主日

分断の壁の向こうから

日本基督教団　新潟教会　長倉　望

マルコによる福音書三章二〇―三〇節

イエスが家に帰られると、群衆がまた集まって来て、一同は食事をする暇もないほどであった。身内の人たちはイエスのことを聞いて取り押さえに来た。「あの男は気が変になっている」と言われていたからである。エルサレムから下って来た律法学者たちも、「あの男はベルゼブルに取りつかれている」と言い、また、「悪霊の頭の力で悪霊を追い出している」と言っていた。そこで、イエスは彼らを呼び寄せて、たとえを用いて語られた。「どうして、サタンがサタンを追い出せよう。国が内輪で争えば、その国は成り立たない。家が内輪で争えば、その家は成り立たない。同じように、サタンが内輪もめして争えば、立ち行かず、滅びてしまう。また、まず強い人を縛り上げなければ、だれも、その人の家に押し入って、家財道具を奪い取ることはできない。まず縛ってから、その家を略奪するものだ。はっきり言っておく。人の子らが犯す罪やどんな冒瀆の言葉も、すべて赦される。しかし、聖霊を冒瀆する者は永遠に赦されず、永遠に罪の責めを負う。」イエスがこう言われたのは、「彼は汚れた霊に取りつかれている」と人々が言っていたからである。

私たちは、不安や恐れから自由ではありません。恐れがいつのまにか偏見を育て、偏見が差別を生み出していくことがあります。二〇二〇年から世界中を恐怖に陥れた新型コロナウイルス禍でも、感染が確認された人がまるで病原体そのもののように扱われ、バッシングを受けるという事態が頻発しました。もっとも苦しんでいるのは感染した人であり、もっとも心配なのはその家族や友人たちであるはずなのに、感染した人を排除し、周囲の人たちまで非難するような風潮がみられたのです。そのような風潮が「感染したら、自分も同じようなバッシングを受けるのでは」という、さらなる恐れを生み出し、社会的なパニック状態を引き起こしたのは、記憶に新しいところです。

恐れは時に排除の力となり、偏見や差別を生み出します。そして、人に対する偏見や差別は、いつのまにか心の中に忍び込み、住み着いてしまいます。そのような恐れや偏見、自分の中に忍び込んでくる差別意識について考える時、いつも思い起こす出会いがあります。もう二〇年以上前になりますが、学生時代、初めて野宿者支援の夜回りに行った時のことです。

寒い冬の夜でした。京都から電車を乗り継いで、金井愛明牧師のいる釜ヶ崎の「いこい食堂」に到着しました。みんなでおにぎりをたくさん握り、献品された毛布とおにぎりを持って、十人くらいで夜回りに出発しました。私はとても緊張し、そして恐れていたと思います。いこい食堂を出発し、アーケード街に到着すると、みんな次々と、段ボールを囲いに寝ている人たちに声をかけ、おにぎりを渡していきます。初参加の私は、どう声をかけてよいのか分からず、とにかくみんなにくっついて歩いていました。一人が一人に声をかけ、しばらくの間、話を聞いていきます。一緒に歩いていた仲間も、一人、二人といなくなっていきます。そしてついに、向こうに野宿をしている人がいるのに、声をかけられる人が私しかいなくなってしまったのです。

「ついにこの時が来た！」という感じです。それまで、おにぎりを渡そうと思いつつ、躊躇《ちゅうちょ》しているうちに他の人が渡しに行ってくれて、内心ほっとする、というのを繰り返していたのですが、この人におにぎりを渡せるのはもう自分しかいません。自分なんかがおにぎりを差し出しても受け取ってもらえないのではないか、拒絶されるのではないか、そんな恐れがありました。寝ているところを起こして、怒鳴りつけられたらどうしよう、とおびえていました。本当に恐る恐る、「夜回りです。おにぎりいかがですか」と見様見真似で声をかけ、持ってきたおにぎりを差し出したのです。けれども、私の恐れとは裏腹に、呼びかけに応えてダンボールからひょこっと顔を出したその方は、明るくあっけらかんと「おお、兄ちゃん、ありがとう。がんばってな！」と、逆に私を励ましてくれたのです。

それは、ほんの一瞬の出会いでした。けれども、本当に嬉しい出来事でした。なんとも言えない解放感がありました。気が付けば、いつのまにか鼻歌を歌っていたほどです。京都に帰る電車のホームで、この解放感は何なのかを考えていました。そこで思い至ったのは、「自分が拒絶されることを恐れていたけれど、実は野宿している人を拒絶していたのは自分の方だったのではないか」ということでした。自分が拒絶してきた人が、今さら自分のような者を受け入れてくれるはずがない、という自分の思い込みによって、自分の中に壁をつくって恐れていたのではないか、と気付かされたのです。今まで「野宿をしている人と出会ったことがなかった」と思っていましたが、それすらも、自分が「出会わないように生きてきた」「見ないようにしてきた」「知らず知らずのうちに、自分の人生から野宿している方たちを排除してきた」ということに過ぎなかったのではないか、そんなことを考えさせられたのです。いつのまにか社会構造が持つ差別や偏見が刷り込まれ、野宿する人たちを排除し、差別的に生きていた自分がいました。そして、自分を守る殻に閉じこもった世界の中で、私自身が窒息しそうになっていたのではないか、それがあの解放感の正体だったと思うのです。段ボールからひょっこり顔を出し、お礼を言って励ましてくれたあの人が、私を隔ての壁から連れ出してくれたのです。

与えられた聖書は、イエスが「あの男は気が変になっている」だとか「ベルゼブルに取りつかれている」「悪霊の頭《かしら》の力で悪霊を追い出している」と言われている箇所です。

ここにも分断の壁があり、排除の力が働いています。「ベルゼブル」とは、ハエの王様ベルゼブブのことだと言われます。死にそうな病人や、亡くなった人に群がるハエは、霊魂を抜き取り、霊魂を運ぶ存在として、ギリシャでは神のようにあがめられていたそうですが、そもそも外国人のことを、律法を守らない穢れた者たちとみなす当時のユダヤ人の感覚では、ハエの王様も悪霊の頭と同列だったと思います。

このことについて教えられた説教がありました。日本基督教団佐世保教会の深澤奨牧師の説教「蠅の王様」です。深澤牧師は、イエスがベルゼブルと呼ばれたのは、「病気の人に寄り添い、その痛みや穢れを分かち担おうとしたイエスの姿を的確にとらえた表現だったと思う」と言うのです。深澤牧師の語られた、穢れた人たちと寄り添うイエスの宣教のイメージに心打たれます。

当時は、病や障がいと、穢れや罪が結び付けられて考えられていた時代です。そのような人たちをどのように共同体から分離して、自分たちの暮らしから遠ざけ、自分たちを穢れなき者として守ることができるのか、ということが律法のもとに行われていた時代の中で、イエスは分断の壁を越えて、病気の人、独りぼっちの人、苦しんでいる人のもとを訪ねてまわられたのです。触れると穢れがうつると言われているのに手を触れて看病し、穢れは口からうつると言って誰も一緒に食事をしたがらなかった罪人と呼ばれる人たちと、パンを割いて一緒に食卓を囲んでくださったのです。そうやって「神さまは、決してあなたを見捨てたりはしない。あなたたちは、かけがえのない命として神さまに覚えられ愛されている。神の国は私たちの間にあるのだ」ということを、身をもって示してくださったのです。

社会から疎外され、孤独の中を生きざるをえなかった人たちにとって、そのようなイエスとの出会いは、どれほど嬉しい出来事だったでしょうか。「こんな自分も、生きていてよいのだ」「一緒に生きてくれる人がいるんだ」という大きな喜びと希望が湧きあがっていったのではないでしょうか。「神の愛なんて、自分とは無縁のものと思っていた。神の愛から外されたから病気や障がいがあるのだ、と言われ続けてきた。けれども、この方から感じるあたたかさは何だ。神の愛があるとするならば、これこそ神の愛ではないのか」「この方こそ、まことに神の言《ことば》、神の愛が人となって現れた方だ」「私たちの内に湧きあがるこの喜び、この命の力。私たちは、この方によって新しい命を与えられ生かされているのだ」。そんなふうに感じ、信じることができたのではないでしょうか。

しかし、そのようなイエスの姿は、恐れに取りつかれた人たちから見れば、「あの男は気が変になっている」というようにしか受け止められなかったのです。穢れをもろともせず、むしろ穢れを共にするかのように病の人のもとに駆け付けるイエスは、「異国の穢れた神、ハエの王さまベルゼブルに取りつかれている」ようにしか見えなかったのです。たとえそこで「病の癒やし」が起こったとしても、それは神さまの喜ばしい命の業、聖霊の働きなどではなく、悪霊の頭の力で悪霊を追い出しているにすぎない。そう言って、自分たちの平安を脅かすイエスを排除しようとした、それがこの箇所なのではないでしょうか。

さらに、マルコによる福音書の三章六節を見ると、すでにイエス殺害の相談が始まっていたことが分かります。エルサレムから下って来た律法学者たちは、自分たちの地位が脅かされる恐れから、イエスの悪い噂を流し、レッテルを貼り、もっと積極的に、人々の中にある恐れを利用してイエスを陥れようとしていたのだと思うのです。

私たちは今、レントの時の中に置かれています。イエス・キリストの十字架の出来事を思い起こし、十字架の光に照らされて、自らとこの社会を振り返り、悔い改めて、新しい命、新しい生き方を祈り求める時です。聖書の世界のみならず、私たちの社会にも、いくつもの分断の壁があり、排除の力が働いています。恐れが偏見を呼び、いつのまにか差別を内面化している私たちです。ひょっとしたら、私たちは知らず知らずのうちにイエスを「気が変になっている」「ベルゼブルに取りつかれている」と言ってしまう側にいるかもしれません。自分を守るために誰かを切り捨てる生き方では、いつか自分も切り捨てられるかもしれない、という恐れから自由にはなれません。

しかしイエスは、分断と排除の世界の中で、たとえそれが十字架の死につながる道であったとしても、人を傷付け排除する社会のありよう、人々の心のありように怒りを隠すことなく問いを投げかけ続けました。たとえ悪霊の頭と呼ばれても、苦しみや悲しみの中にある人たちと出会い、命の交わりを重ね、喜びと励ましを分かち合い、神さまの造られた命を祝福し続けたのが、私たちの救い主だと聖書は告げています。

主はいつも、私たちを分断された世界から命を分かち合う世界へと連れ出そうと、分断の壁の向こうから私たちに問いを投げかけてくださっているのです。

レントのこの時、もう一度、イエスが投げかけた厳しい問いかけを受けながら、自らを省み打ち砕かれて、新しい命の交わりへと導かれていきたいと思います。弱さや小ささを大切にし、お互いの命を分かち合い、祝福し合う歩みへと、押し出されていきたいと願い祈ります。

【参考文献】
深澤奨著『踏みとどまる　深澤奨牧師説教集　1999―2014』日本キリスト教団佐世保教会長老会、二〇一五年

日本基督教団　新潟教会　長倉　望

受難節第三主日

自分の十字架を背負って

日本基督教団　横浜本牧教会　宮川忠大

マタイによる福音書一六章一三―二八節

イエスは、フィリポ・カイサリア地方に行ったとき、弟子たちに、「人々は、人の子のことを何者だと言っているか」とお尋ねになった。弟子たちは言った。「『洗礼者ヨハネだ』と言う人も、『エリヤだ』と言う人もいます。ほかに、『エレミヤだ』とか、『預言者の一人だ』と言う人もいます。」イエスが言われた。「それでは、あなたがたはわたしを何者だと言うのか。」シモン・ペトロが、「あなたはメシア、生ける神の子です」と答えた。すると、イエスはお答えになった。「シモン・バルヨナ、あなたは幸いだ。あなたにこのことを現したのは、人間で

自分の十字架を背負って

はなく、わたしの天の父なのだ。わたしも言っておく。あなたはペトロ。わたしはこの岩の上にわたしの教会を建てる。陰府の力もこれに対抗できない。わたしはあなたに天の国の鍵を授ける。あなたが地上でつなぐことは、天上でもつながれる。あなたが地上で解くことは、天上でも解かれる。」それから、イエスは、御自分がメシアであることをだれにも話さないように、と弟子たちに命じられた。

このときから、イエスは、御自分が必ずエルサレムに行って、長老、祭司長、律法学者たちから多くの苦しみを受けて殺され、三日目に復活することになっている、と弟子たちに打ち明け始められた。すると、ペトロはイエスをわきへお連れして、いさめ始めた。「主よ、とんでもないことです。そんなことがあってはなりません。」イエスは振り向いてペトロに言われた。「サタン、引き下がれ。あなたはわたしの邪魔をする者。神のことを思わず、人間のことを思っている。」それから、弟子たちに言われた。「わたしについて来たい者は、自分を捨て、自分の十字架を背負って、わたしに従いなさい。自分の命を救いたいと思う者は、それを失うが、わたしのために命を失う者は、それを得る。人は、たとえ全世界を手に入れても、自分の命を失ったら、何の得があろうか。自分の命を買い戻すのに、どんな代価を支払えようか。人の子は、父の栄光に輝いて天使たちと共に来るが、そのとき、それぞれの行いに応じて報いるのである。はっきり言っておく。ここに一緒にいる人々の中には、人の子がその国と共に来るのを見るまでは、決して死なない者がいる。」

今日、こうして皆さんと共に礼拝の恵みに与れますことを感謝いたします。今、私たちは、主イエス・キリストのご受難をしのぶレントのときを過ごしていますが、今日もそのことを思いながら、御言葉に聞いてまいりたいと思います。

イエスさまは公生涯のほとんどを、エルサレムではなく、北部のガリラヤを中心に活動されました。イエスさまは、ガリラヤの村々を回って、数々の言葉とたくさんの不思議な業やしるしによって病気を癒やしたり、悪霊を追い出したり、わずかなパンでたくさんの人を満腹させたり、漁師でも恐れる嵐を静めたりと、ご自分を現し、宣教の働きをされてきました。

さて、今日の聖書の箇所は、そのイエスさまの公生涯において大きな分岐点になるところです。二一節に「このときから、イエスは、御自分が必ずエルサレムに行って、長老、祭司長、律法学者たちから多くの苦しみを受けて殺され、三日目に復活することになっている、と弟子たちに打ち明け始められた」とあります。「このときから」イエスさまは、ご自分の受難と死についてはっきりとお語りになり、十字架への道を明らかにされます。では、聖書が語る「このときから」とはいったいどんな「とき」だったのでしょう。それには、一つのきっかけがありました。

それはイエスさまと弟子たちが、パレスチナの北の端にあるフィリポ・カイサリアという村に行かれたときのこと。イエスさまは弟子たちに向かって、「人々はわたしのことを何と言っているか」とお聞きになりました。すると弟子たちは、「預言者エリヤだと言う人もいれば、エレミヤだと言う人もいるし、洗礼者ヨハネだと言う人もいます」と、耳にした評判を得意になってワイワイガヤガヤ言い合いながら答えました。

しかし実のところ、イエスさまはそんな人々の評判をお聞きになりたかったのではありません。「では、あなたたちはわたしのことを何者だと思ってついて来ているのか」。イエスさまはさらに弟子たちにこう聞かれました。実は、これこそイエスさまが弟子たちに本当にお聞きになりたかったことだったのです。「世間での評価がどうであれ、ほかの人たちが何と言おうと、じゃあ、あなたはどうなんだ」。そのことをイエスさまは問われたのです。

その問いに対して、「あなたはメシア、生ける神の子です」と、まっさきに答えたのはペトロでした。これは非常に意味のある告白でした。ペトロは、人々がイエスさまを預言者の一人として見ていたときに、「あなたは私の救い主です」と告白したのです。

預言者と救い主では、意味がまったく違います。預言者というのは、聖書の言葉で言えば「荒れ野で呼ばわる声」です。意気消沈して、人生に行き詰まって生きる道を失った人々に、あるいは間違った道を突き進んでしまっている人々に、「神さまの道はあそこにある」「あなたの道はあそこにある」と教えてくれる声、それが預言者という存在です。預言者は、そのようにして私たちの人生に、道を教えてくれたり、渇いた魂を潤す泉のありかを教えてくれる存在です。エリヤも、エレミヤも、洗礼者ヨハネも、そのように人々の魂に慰めを与え、希望を与える本当に偉大な声でした。しかし、彼らはあくまでも、そのありかを教える声に過ぎない者でした。それに対して、イエスさまは「声」ではなく、「道であり、真理であり、命」です。荒れ野で叫ぶ預言者たちが指し示す命の道そのものなのです。

ペトロは、その主イエスこそ、約束され、待ち望まれた「救い主メシアであり、生ける神の子、まことの神」であるという信仰をここで言い表しました。そして、イエスさまは、このペトロの信仰の告白をとても喜ばれ、「あなたは幸いだ。あなたにこのことを現したのは、人間ではなく、わたしの天の父なのだ」（一七節）と祝福の言葉を語ってくださったのです。

「このときから」（二一節）、つまり弟子たちに蒔かれた信仰の種が芽を出したとき、ペトロが「主イエスこそ、生ける神の子、待ち望まれた救い主である」という信仰を告白したときから、イエスさまはご自分の受難について話し始められました。メシアは何のためにこの世に来て、何をこれからするのかということを教え始められたのです。それは十字架の道でした。イエスさまは、そのことを三度お話しになります。そして、その最初の受難予告が今日の場面です。

しかし、このことは、弟子たちにとって理解し難い、受け入れ難いことでありました。メシアの受難予告を聞いたペトロは二二節で、「すると、ペトロはイエスをわきへお連れして、いさめ始めた。『主よ、とんでもないことです。そんなことがあってはなりません。』」と、このようにイエスさまに言ったのです。

ペトロは「あなたはメシア、生ける神の子です」と告白した人です。ペトロは、イエスさまこそ救い主メシアであり、生ける神の子であると信仰を告白しました。しかし、そのペトロが、ここではイエスさまの言葉を否定したのです。いさめたのです。つまり、イエス・キリストへの信仰を告白したペトロでも、キリストのご受難の予告を理解出来なかったのです。

おそらくペトロはこう思ったのではないでしょうか。「イエスさまは待ち望まれた救い主メシアであり、生ける神の子だ。そんなイエスさまが十字架において苦しみと死を受けられるということなど、あるはずがない」と。ペトロをはじめ弟子たちは、イエスさまこそ人々を救い、栄光を持ってイスラエルに臨まれる方であると信じていました。そしてそれは、メシアの受難の予告、すなわち十字架において苦しみと死を受けられるということとは矛盾すると思ったのです。つまり、ペトロもまた、当時の人たちと同様、ローマの支配からイスラエルの民を解放する栄光のメシア、かつてのイスラエル王国を回復してくれる救い主を待ち望んでいたのです。

ところが、イエスさまは、自分たちの期待に反して、人々から捨てられ殺される、苦難のメシアとしての道をご自分の口から告げられたのです。それをペトロは、そんなことがあってはならない、あるはずがないと考えたのです。このときペトロがどういう気持ちだったのかは想像に難くはありません。心の底からイエスさまを愛し、十字架刑で死んでしまうなどというむごい死に方をさせたくなかったのだと思います。それはペトロの純粋なイエスさまへの想いであったと思います。しかし、ペトロの想い、行動は、イエスさまにとっては人間の想いであったのです。ペトロは、自分の想いや自分の願い、自分が良いと思っていることに基づいて行動をしたのです。それゆえイエスさまをたしなめようとしたのです。

私たちにも、そういうところはないでしょうか。信仰を告白していても自分ばかりが先走り、神の御心、神さまがどういうお方であるのか、神さまが何を私たちにしてくださっているのかを忘れてしまうことはないでしょうか。

それに対してイエスさまは、「サタン、引き下がれ」と言われます。実は、この言葉は、直訳すると「退け、サタン、わたしの後ろに」となります。ペトロは、イエスさまの前に立ちはだかる者となっていました。イエスさまは神さまの御心をお話しになっているのに、ペトロは自分の想いや願いをイエスさまに押しつけようとしてしまっていたのです。ですから、イエスさまは、もう一度、私の後ろに引き下がって、そこにいなさいと言うのです。

そしてまた、この「私の後ろに」という言葉は、実は、かつてイエスさまがペトロを弟子にするときに言われた「わたしについて来なさい」（四章一九節）という言葉の中にもあったのです。この言葉も直訳すると、「従いなさい、私の後ろに」となります。つまり、「サタン、引き下がれ」という言葉は、本当に厳しい言葉ですが、イエスさまは決してペトロを退けたのではないということです。そうではなく、自分の後ろからついてきなさい、従ってきなさいと、再度従うように招いてくださっているのです。

そのようにしてイエスさまは、ご自分の後ろに従ってくるように弟子たちを招かれながら十字架の道を進んで行かれます。それは私たちの命を買い戻すためでした。二六節には、「人は、たとえ全世界を手に入れても、自分の命を失ったら、何の得があろうか。自分の命を買い戻すのに、どんな代価を支払えようか」とあります。私たちは、自分ではその代価を支払うことは出来ません。その代価は、神さまだけが支払うことが出来るものなのです。また、支払ってくださったものなのです。

私たちは、このイエス・キリストの十字架をどれほどのこととして受け止めているでしょうか。よく教会で「イエスさまは、私たちの罪の贖いのためにお生まれになってくださいました。本当なら、私たちが十字架にかからなければならなかったのに、それをイエスさまが代わりにかかって死んでくださったんです。神さまは、私たちをそれほど愛してくださっているんです」というようなことが言われます。それはその通りです。だけど、その恵みをただ単に「私が受けなきゃならなかった罰を代わってくれてありがとう」とか、「イエスさまが私の身代わりとなって死んでくれたから、私は救われました。おかげで安心して天国に行けます。あー、良かった。良かった」なんてひと言で、簡単に片づけてしまってはいないでしょうか。

もし、私たちがキリストの恵みをそのようなものとしてしか受け止めていないのであれば、私たちは、その恵みをきわめてチープな、安価な恵みに歪めてしまっていることになります。また同時に、イエス・キリストの命そのものをも軽んじてしまうことにもなってしまいます。

確かに、私たちの命は、イエス・キリストの命に代えられるほどに尊いものとされています。神さまは、御子イエス・キリストを与えられるほどに私たちを愛してくださっています。しかし、だからと言ってキリストの命は、犠牲になっても構わないというような軽いものではありません。キリストの命もまた、神さまが私たちの命を愛されるのと同じように尊いのです。イエスさまは、十字架に引き渡される夜、ゲツセマネの園で血の滴るような汗をかきながら神さまに祈られました。苦しみもだえながら祈られました。そして、そのことは、そのイエスさまの祈りを聞いていた神さまにとっても、苦しみのときであったはずです。キリストの十字架は、神さまにとっても、はらわたをえぐられるような心痛む決断だったのです。私たちは、そのキリストの命によって新しい命を与えられたのです。そのことを思うなら、ただ「ありがとう」だけでは済まないはずです。

たとえば、もし、自分が川で溺れていて、それを誰かが川に飛び込んで助けに来てくれたとします。そして、その人のおかげで、なんとか自分は岸までたどり着いて這《は》い上がることが出来た。だけど、助けてくれた人は、力尽きて溺れて死んでしまった。しかも、自分の目の前で、その人が川に流されていく光景を見続けなければならなかったとしたら、「あー、助かってよかった。助けてくれた人、ありがとう」では終われないはずです。そのことに本当に苦しむと思います。葛藤もあると思います。「なぜ、私なんかを助けようとしたのか」「あのまま私が死んでしまっていたら良かったのに」「私のせいで、あの人は死んでしまった」。そう思うかもしれません。

だけど、私を助けてくれた人は、そんなことこれっぽっちも思ってもいないし、望んでもいないでしょう。ただ穏やかに「助かって良かったね」って、ニコッと笑ってくれるに違いありません。そして、そう思えばこそ、私たちは、その人がくれた命を、その人が生きるはずだった命を生きようとするのではないでしょうか。

おそらく、その人が遠く流されていく光景は目に焼き付いて、忘れることは出来ないでしょう。この先ずっと、そのことを見続け、それに向き合い続けなければなりません。そのことを一生背負って生きなければなりません。だけど、その背負うものがあるから、なおもその人の思いに応えて、助けられた命を、生かされた命を懸命に生きようとするのではないでしょうか。イエス・キリストが十字架という代価を払って買い戻してくださった私たちの命とは、たとえるなら、そういう命です。

そして、そのイエス・キリストが私たちにこう語りかけられます。

「わたしについて来たい者は、自分を捨て、自分の十字架を背負って、わたしに従いなさい」(二五節)

使徒パウロが「十字架につけられたままのイエス・キリスト」（ガラテヤ三章一節、第一コリント一章二三節参照）と表現していましたが、まさに私たちは、その十字架につけられたままの主イエス・キリストを見つめ続けながら、キリストの命を生きるのです。そしてそれが、キリスト者とされた私たちが背負うべき自分の十字架です。

自分の十字架とは、それぞれ持って生まれた困難な状況とか、人生に降りかかってきた苦労やつらさを受け止めるなんてことを意味するのではありません。私たちが背負う十字架は、言い換えるならイエス・キリストの命の重さです。そしてその重さは、同時に神さまが私たちを愛する愛の重さでもあります。

その自分の十字架、愛の十字架を背負っていく中で、私たちは神さまが与えてくださっている高価な恵みに気づき、本当の愛の深さ、その愛の大きさに涙しながら、「あなたこそ私のメシアです。私はあなたに従って行きます」と、そう告白し続けていくのではないでしょうか。

受難節第四主日

突然、神の国のドアが開いて

日本基督教団　吉祥寺教会　友野富美子

ルカによる福音書九章二八―三六節

この話をしてから八日ほどたったとき、イエスは、ペトロ、ヨハネ、およびヤコブを連れて、祈るために山に登られた。祈っておられるうちに、イエスの顔の様子が変わり、服は真っ白に輝いた。見ると、二人の人がイエスと語り合っていた。モーセとエリヤである。二人は栄光に包まれて現れ、イエスがエルサレムで遂げようとしておられる最期について話していた。ペトロと仲間は、ひどく眠かったが、じっとこらえていると、栄光に輝くイエスと、そばに立っている二人の人が見えた。その二人がイエスから離れようとしたとき、ペトロがイエスに言った。「先生、わたしたちがここにいるのは、すばらしいことです。仮小屋を三つ建てましょう。一つはあなたのため、一つはモーセのため、もう一つはエリヤのためです。」ペトロは、自分でも何を言っているのか、分からなかったのである。ペトロがこう言っていると、雲が現れて彼らを覆った。彼らが雲の中に包まれていくので、弟子たちは恐れた。すると、「これはわたしの子、選ばれた者。これに聞け」と言う声が雲の中から聞こえた。その声がしたとき、そこにはイエスだけがおられた。弟子たちは沈黙を守り、見たことを当時だれにも話さなかった。

一日の業を終えて夜のひととき、今日いただいた恵みを思って祈ります。日本に住んでいると夜でもほんとうの闇に包まれることはあまりありませんが、あかりを消して暗い中に座ると、さまざまな思いが湧いてきます。満ち足りた思いで神さまに呼びかけることができた一日でしたら幸いです。けれども、私たちの日常は、そうそう幸せいっぱいというわけでもありません。

「ああ、今日も仕事で失敗してしまった」「子どもが言うことを聞いてくれない」「人を傷つけるような言葉を言ってしまった」「人に傷つけられた」「病気が少しも良くなっていかない」「テレビが語った虐待のニュースが頭を離れない」「世界規模の感染症が私たちの生活を変えてしまった」。神さまの栄光に包まれているはずのこの世界は、どうして悪に満ちているのでしょう。イエスさまという救いの御子がすでにいらしているというのに。「イエスさま、あなたを信頼してここまで来ました。でも、あなたはほんとうに神の御子、私の救い主なのですか」。途方に暮れながら過ごす夜、闇の深さを感じます。

自分ではどうすることもできない出来事に翻弄《ほんろう》され、祈っても祈っても答えが与えられないときに、ふと意識の敷居をまたいでこのような思いが湧いてくることがあります。イエスさまのことを信じている、この方についていこうと心から思っているのに、その覚悟をしたはずなのに、「ほんとうのところはどうなのだろうか。イエスというお方は私を放っておかれているのではないか、私など救い出してくださらないのではないか。そもそも、イエスというお方にその力はあるのか」と心のうちに問い、思う通りにいかないことに怒りさえ秘めながら、独り閉ざされた部屋に置かれているような思いに駆られることがあります。

その私たちに、「ちょっと、来てごらん」と涼やかな声が聞えてきます。その声に従って聖書に聴くと、神さまが私たちにドアを用意してくださっていることに気づきます。その隙間からまばゆい光がさし、新鮮な空気が入ってきます。

「ああ、なんて狭いところに私はいたのだろう」。息を吸い込み、私たちは自分を取り戻します。「ほんとうの世界は神さまの栄光に満ちているではないか、自分の見えるところだけが世界のすべてだと思ったら大間違いだ」。神さまは私たちのことをよくご存じです。信じることの難しい私たちに、扉を開いて神さまの光を示してくださいます。


闇の夜です。イエスさまは弟子たちを連れて、山に登られました。山に登る、それは神さまの前にイエスさまが祈りを捧げるときになさることでした。イエスさまはどのようなときもまず、神さまの前に静まることをなさいます。それはイエスさまにとって必要なことでした。神さまの前に静まることなく走り続けることなど、イエスさまはおできにならないのです。ほかならぬイエスさまが、です。山に登られるイエスさまのお姿を見るとき、私たちは何よりもまず神さまの前に静まることの大切さを教えられます。

このときも、ペトロ、ヨハネ、ヤコブの三人の弟子を連れてイエスさまは山に登られました。何を祈っていたのでしょう。八日前、イエスさまは弟子たちにこうおっしゃいました。「わたしは長老、祭司長、律法学者たちから排斥され殺される」。人々から憎まれ疎まれて、その末に殺されることをイエスさまはご存じでした。イエスさまは八日前のこのとき、十字架を見つめていたのです。十字架はイエスさまにとっても苦しみです。

イエスさまが十字架にかけられる前夜にも、ゲッセマネの園で祈っていたことを私たちは知っています。これも闇の夜でした。このとき、イエスさまは「この杯をわたしから取りのけてください」と祈りました。

ですから八日前、弟子たちにご自分の最期を告げられてから、イエスさまが十字架のことを祈っていないはずはなかったでしょう。自らの十字架に対峙して、神さまの御心を夜ごと尋ねていたのではないでしょうか。「主よ、十字架があなたの御心ですか」と。

イエスさまはなおこの夜、祈っていらっしゃいました。祈っても祈っても答えが与えられない辛さをイエスさまもご存じなのかもしれない……。八日ほどたったとき、という言葉にそう思わされます。事柄は他でもない「死」です。苦闘するように祈るイエスさまは、死の苦しみを知っていらっしゃる方です。周りから疎まれ憎まれ、弟子たちという近しい者からも見捨てられる悲しみを知っていらっしゃる方です。

どのくらい祈っていたのでしょうか。弟子たちが眠くて仕方がなくなるほどの時間を祈られていたのでしょう。祈っているうちに、驚くようなことが起こりました。イエスさまのお顔の様子が変わり、着ていた服が真っ白に輝いたのです。

「神さま、これはあなたの御心なのですね。私が進もうとしている道は間違っていないのですね」。そうイエスさまは神さまの御前で確信されたのかもしれません。イエスさまのお姿が栄光に輝き、そしてその傍らには、モーセとエリヤが立っていました。

それはあまりに突然のことでした。この地上に「神さまの時」が入り込んできたのです。油断してはなりません。私たちの日常に、神さまは唐突に介入してくるのです。

モーセとエリヤとイエスさま、この三人が語っていたのはイエスさまの最期についてでした。イエスさまの最期、それは十字架の死です。ご自分の死について語り合う。なんということでしょう。自分は排斥されて殺される、しかも十字架というもっとも恐れられ、忌み嫌われた方法で殺されるのです。裸同然で木に打ち付けられ、長時間苦しみ悶《もだ》える姿を晒されて、人々の好奇の目と嘲笑を浴びながら息絶える。十字架刑がどのようなものか、イエスさまがご存じないはずはありません。「とんでもない！　そんなことはご免です」。そう叫んでも不思議ではありません。それなのに、それを語り合うイエスさまの姿は栄光に輝いていたのです。

栄光に輝くイエスさま。私たちは闇の中に、この方の栄光をどれくらい見ているでしょうか。自分の不甲斐《ふがい》なさに泣く夜、人の間で辛い思いをさせられた夜、自分や家族の病気に苦しめられて眠れない夜、死を身近に感じる夜、この方の光に私たちはどれくらい希望を置いているでしょうか。イエスさまたちが語らっていた「最期」は、日本語では「死」を意味しますが、聖書のもともとの言葉では「死」だけを指すのではありません。「脱出」するという意味を持っています。この世を脱すること、出ていくこと、そして何より、イスラエルの救いの原点である「出エジプト」を示す言葉です。神さまが私たちをここから、この苦しみから、闇の世から救い出してくださる、そのことをこの言葉は表しているのです。

イエスさまたちが語らっていた「最期」とは、苦しんで迎える十字架の死だけを指しているのではありません。皆から排斥され捨てられる、その悲劇だけを見ているのでもありません。闇の世を脱し、墓穴をも蹴破るイエスさまの復活、そして天にのぼられることをも含んでいるのです。イエスさまの歩みは死では終わりません。

闇の夜、イエスさまの栄光があたりを明るく照らしていたことでしょう。三人の弟子たちはこの光に目を覚ましました。「ペトロと仲間は、眠りこけていたが、目を覚ますと」（三二節）と聖書協会共同訳は記しています。眠りこけていたのです、三人とも。おそらく夜も更けていたのでしょうから仕方のないことなのかもしれません。けれどもイエスさまとモーセとエリヤが語っていたのは「イエスさまの最期」です。こんな大事なことを話していたのに、気づかず眠りこけていたペトロたち。ゲツセマネでもそうです。なんと鈍感なことでしょう。私たちは神さまの事柄を前にして、眠りこけてしまうほど無力で鈍感なのです、もう悲しいくらいに。

そしてペトロは、イエスさまとモーセとエリヤのために仮小屋を三つ建てると言い出します。何のために仮小屋を建てるなどと言うのでしょう。「このままここに留まってください」と望んでいるのです。モーセとエリヤという旧約聖書のビッグ2を留めておきたい、自分の近くに置いておきたい、離れていこうとする二人を見てペトロはとっさにそう思ったのです。「わたしたちがここにいるのは、すばらしいことです」（三三節）ペトロは興奮してそう言います。ですが、ちょっと待ってください。「わたしたち」とは誰のことでしょう。弟子たち三人のことならまだしも、イエスさまをそこに加えているとしたらそれはどういうことでしょうか。「イエスさま、あのモーセとエリヤが私やあなたのもとに来るなんて、すごいことではないですか」と、イエスさまをこの二人より低く見ていることになりはしないでしょうか。「わたしを何者だと言うのか」というイエスさまの問いに、「神からのメシアです」と答えたペトロでした。けれど、イエスさまがメシアだということがどういうことか、ほんとうは分かっていなかったのではないでしょうか。ペトロは「自分でも何を言っているのか、分からなかった」（三三節）のです。この光景を前に、彼はどうしてよいのか、何をどう理解したらよいのか、まったく分からなかったのです。

ここに、人間の限界を見せつけられる思いがします。とんちんかんなのです。とんちんかんな私たちなのです。自分の安寧《あんねい》に眠りこけ、肝心なことには耳を向けず、神の栄光すら自分の手元に小さく留めておきたくなる。ここに私たちの姿がくっきりと記されています。

イエスさまを引きずり下ろそうとする誘惑はいつもあります。ペトロとて、仮小屋を建ててイエスさまたちを独り占めしようなどと思ったわけではないでしょう。敬意を表したい、その思いを口にしただけです。ペトロはいつも率直なのです。ですがそれは、イエスさまを小さく見積もることでした。

イエスさまの栄光は、私たちの建てた小さな仮小屋などには収まりません。また、ペトロや私たちが安易に欲しがるような、目にキラキラと映るものでもありません。誰からも踏みつけられ、捨てられ、十字架につけられる、けれども神によって立ち上がらせられる、そのような栄光です。傷を負われた栄光です。

イエスさまは人としてこの世界の一隅に生まれ、家族のために働き、貧しさをなめました。弟子たちとともに歩き回って人々に教え、周りから弾かれた人と食事をともにし、病で穢れているとされた人に触れて癒やされました。そして信頼していた者たちに裏切られました。イエスさまこそがこの世の闇の深さをご存じです。この方の栄光は、私たちの日々の生活とまったく無関係に輝いているのではありません。生きる苦しみをイエスさまはご存じです。

しがらみや人の目や、経済的な困窮や病や死、自分自身のどうしようもない罪。私たちはこれらに奴隷のように囚われて身動きが取れなくなっています。しかしこの方はすべてをご存じの上で、私たちをここから解放してくださいます。人として生きられたこの方が、人との間で傷を受けられたこの方こそが、十字架によって私たちをこの世の闇から脱出させてくださるのです。

雲が湧き起こって、辺りを包みます。モーセもエリヤも、イエスさまの姿も栄光の輝きも、すっぽりと雲に覆われてしまいました。ペトロは自分の発言など忘れて腰を抜かしていたかもしれません。恐ろしかったことでしょう。雲が現れるとき、そこには神さまがご臨在なさるのです。恐れる弟子たちに声が響きます。

「これはわたしの子、選ばれた者。これに聞け」（三五節）

雲が切れると、そこにはイエスさまだけがいらっしゃいました。モーセでもエリヤでもない、イエスさまだけが。闇の中、いつもの着た切りのような服を着て、いつものお姿で。栄光の主は、このお姿で私たちとともに歩んでくださいます。ここに仮小屋を建てて留まる、などということがイエスさまの喜ばれることではありません。祭り上げたり自分の手元に置くのではなく、日常の生活の中でイエスさまに聞き従って進みなさい、神さまはそう私たちに語りかけます。

辺りはふたたび闇に包まれました。今見たこと、聞いたことのあまりの大きさに、ペトロたちは圧倒され、口を開くこともできませんでした。そしてそれは山を下りてからも続きました。彼らは誰にもこのことを話さなかったのです、しばらくは。

だって、誰がこの話を信じるでしょうか。ペトロたち自身も、自分たちの経験を咀嚼《そしゃく》できずにいたに違いありません。見たって聞いたって、信じられないものは信じられないのです。とてもじゃないけど人になんか話せません、自分も理解できていないのに。

このことを彼らが話せるようになったのは、復活のイエスさまに出会ってからのことです。イエスさまの復活が我が事になって初めて、弟子たちはこのことを思い起こしました。「救い主の栄光を、あのときすでに私たちは見せていただいていたではないか」と。「十字架の死が最後ではなかった。そうだ。主イエスにモーセとエリヤが現れて、栄光への脱出を語っていたではないか」と。このことに気づいた彼らは、やっとこの出来事を皆に語り始めます。

モーセとエリヤはモーセ五書と預言者、旧約聖書全体を表しています。旧約聖書全体がイエスさまの苦難と死、復活を栄光のうちに語っていたというのです。旧約聖書全体がイエスさまのことを語っていると言われたら、「そうだ」とうなずけるでしょうか。

たしかにイエスさまのことが書かれていると納得できる箇所はいくつもあります。たとえばイザヤ書五三章には「苦難の僕」のことが記されており、この苦難の僕はイエスさまのことを指しているとキリスト教会は考えてきました。

では旧約聖書全体にわたって、と言われるとどうでしょう。そう言われるとそうかなと思うけれど、実際のところ全部というのは言い過ぎではないか。そう思われるかもしれません。

旧約聖書を貫いているのは、私たち人間の罪の現実と、それに対する神さまの愛です。私たち人間は何度も何度も神さまに背きます。山から下りてこないモーセを待ちきれず、金の子牛の像を作ってそれを拝みました。神さまが王として君臨することを退け、人間の王を立てることをサムエルに望みました。救う力のない神々に香をたきながら、主の神殿に参って神さまを侮る罪を犯したと、エレミヤは告発しました。踏みつけられ排斥され、人々に捨てられる、そのような神さまの姿が、創世記からマラキ書に至るまで記されています。

これはそのまま、イエスさまのお姿ではないでしょうか。

そうやって神さまを侮り続ける私たちに、神さまはどうなさったでしょう。罰を与えて徹底的に苦しめたでしょうか？　神さまはどうしようもない私たちを、憐れみをもって愛してくださいました。ノアの洪水のときも、神さまは「人の罪の故に洪水を起こすようなことは二度とすまい」と決心されました。「ごめんなさい」と後悔する人間の姿に、

「彼のゆえに、胸は高鳴り　わたしは彼を憐れまずにはいられない」と神さまは言われるとエレミヤは記します（エレミヤ三一章二〇節）。

同じように、イエスさまは私たちを憐れみ、苦しみをともにし、十字架に至るまで私たちを愛し抜かれました。これが神の子イエスさまの姿です。旧約聖書がイエスさまを語っているというのは真実なのです。

闇の中の私たちに、神さまは御国のドアを開いてイエスさまの栄光を見せてくださいます。私たちはこの世の闇に囚われ、奴隷のようにつながれたままでいることはありません。イエスさまは私たちをそこから解放し、扉を開けて脱出させてくださいます。「これに聞け」。そうです。この方に聞いてまいりましょう。

すべてが去ってしまったように感じるときも、私たちの前にこの方はいらっしゃいます。

受難節第五主日

主に仕える者

日本基督教団　大阪城北教会　山口義人

マタイによる福音書二〇章二〇―二八節

そのとき、ゼベダイの息子たちの母が、その二人の息子と一緒にイエスのところに来て、ひれ伏し、何かを願おうとした。イエスが、「何が望みか」と言われると、彼女は言った。「王座にお着きになるとき、この二人の息子が、一人はあなたの右に、もう一人は左に座れるとおっしゃってください。」イエスはお答えになった。「あなたがたは、自分が何を願っているか、分かっていない。このわたしが飲もうとしている杯を飲むことができるか。」二人が、「できます」と言うと、イエスは言われた。「確かに、あなたがたはわたしの杯を飲むことになる。しかし、わたしの右と左にだれが座るかは、わたしの決めることではない。それは、わたしの父によって定められた人々に許されるのだ。」ほかの十人の者はこれを聞いて、この二人の兄弟のことで腹を立てた。そこで、イエスは一同を呼び寄せて言われた。「あなたがたも知っているように、異邦人の間では支配者たちが民を支配し、偉い人たちが権力を振るっている。しかし、あなたがたの間では、そうであってはならない。あなたがたの中で偉くなりたい者は、皆に仕える者になり、いちばん上になりたい者は、皆の僕になりなさい。人の子が、仕えられるためではなく仕えるために、また、多くの人の身代金として自分の命を献げるために来たのと同じように。」

主イエス・キリストが十字架上で命を落とされた苦しみを覚えるレント（受難節）の中、受難節第五主日に私たちに示されています聖書箇所は、マタイによる福音書二〇章二〇―二八節までです。

新共同訳聖書では「ヤコブとヨハネの母の願い」という見出しが付けられていますが、物語上は「ゼベダイの息子たち」（二〇節）と記されるのみです。

並行するマルコによる福音書一〇章三五―四五節では「ヤコブとヨハネの願い」という見出しが付けられており、福音書記者によって主イエスに願い求める者の主体、描き方は多少異なっていますが、本日は示されたテキストに沿って、み言葉に聴いていきたいと願います。

この物語は、主イエスの三度目の受難予告（二〇章一七―一九節）に続く出来事として置かれていますが、今お話ししましたように、マタイの記述ではゼベダイの息子たち自身ではなく、その母親が主イエスに願い求めた出来事となっています。物語の流れの中で、この母親は懇願していることの捉え違いを主イエスより正される一人として登場していますが、ひとたび人としてこの物語に触れる時、ここには親ならば当然持ちうる感情、また我が子を思うがゆえの願いというものが、素朴に、そして率直に表されているように思います。

私の父は、日本基督教団の教師を三〇数年務め、隠退しましたが、晩年は約六年間の癌《がん》闘病生活の末、天に召されました。余命二年の宣告を受け、度重なる長時間手術と抗癌剤治療、入退院の繰り返しではありましたが、最後まで神への信仰によって支えられ、また「ガン友」の方々からの励ましを受け、希望を失うことなく主の御許へと帰っていきました。それは、私たち家族にとっても大きな救い、慰めでした。

その父は、小学校五年生の時に脊髄カリエスを患い、約一〇年ほど寝たきりの闘病生活を続けた人でもありました。その際、母にあたる私の祖母は、幼い父の身体から溢《あふ》れ出す膿《うみ》を何度も何度も拭き取り、第二次世界大戦後の困窮した生活の中でも〝栄養のある食べ物を〟と、卵や魚などを手に入れては我が子に食べさせ、言葉では言い尽くせないほどの献身的な看護を続けたといいます。その甲斐あって、父は人よりも数年遅れての進学とはなりましたが、通信教育を受けて高校を卒業し、その後、教会に通っていた姉に誘われて信仰へと導かれ、牧会者となり、やがて祖母のことも洗礼へと導きました。

また、私事が続き恐縮ですが、私自身もヒルシュスプルング病という先天性の大腸の病をもって生まれ、生後一週間目には手術台にのぼり、四歳までの間に計六度の大手術をして命が助かったという生い立ちがあります。当時の医学ではまだ治療の難しい難病で医師たちも匙《さじ》を投げるような時もあったそうですが、医師・看護師の方々が懸命に治療にあたってくださり、また当時父が牧会していた日本基督教団中村教会の方々や親族らの祈りと支えによって現在の私があります。

その当時のことを、幼稚園長も歴任した生前の父が「園長便り・主任便り」の中で以下のように書き残しています。

「町の産婦人科で長男義人を出産しました妻は、数日として我が子に十分な愛撫《あいぶ》をほどこすことができませんでした。産まれて翌日、義人は親もとを離れて東北大学病院小児科へとおくられていきました。義人との別れの時、妻は義人の手や足全体をさすり、ありったけの愛情を注ぎました。その時の妻の心境は、おそらくひなを奪われた親鳥のようであったのではないかとおもいます。……義人入院中私達夫婦は多くの小児の難病を見てまいりました。そして何人かの小さな命が失われていく悲しみも見てまいりました。ある時は小児癌で死期の近づいた我が子を抱いて病院の屋上で夜空の星を数えている父親の姿も見ました……」

母は私を大学病院へと引き渡す際、私の手足をさすりながら、「いつかこの足で神様のご用をする人になるのだから、元気になって帰ってきてね」と涙ながらに祈ったといいますが、我が子の健康と幸せを願う母親の愛情は、いつの時代も、そしてそれが時に欲張りな願い事であったとしても、私たちが生きる歩みの傍らに強く横たわり続けているものなのではないでしょうか。

そのことを思う時、本日の箇所に描かれている我が子の幸せを願い求めた母親に厚かましさを感じる人もいるかもしれませんが、これはむしろごく自然な母の姿で、彼女の心の中にもそれに通じる思いがあったのではないかと思うのです。

けれども、主イエスはその願いを超えるかたちで「主に仕える者」となっていく道を示される……。それが、私たちが共に聴こうとしている聖書のみ言葉です。

この物語は、はじめにお話ししましたように、主イエスの三度目の受難予告に続くものとして記されていますが、マタイとマルコ両福音書は同じ構成で描き、ルカによる福音書は同様の記事を記していません。またマタイとマルコの記事を比較する時、マタイはマルコの記事を採用し下敷きにしながらも、独自の修正を加えていることに気付かされます。

まず、並行するマルコによる福音書において、主イエスの三度目の受難予告の記事（一〇章三二—三四節）は「金持ちの男」の記事（一〇章一七—三一節）に続くものとなっていますが、マタイによる福音書においては、「金持ちの青年」の記事（一九章一六—三〇節）の後に、マタイ独自の「ぶどう園の労働者のたとえ」の記事（二〇章一—一六節）が入り込んでいます。マタイの物語においては、主イエスの三度目の受難予告の記事が「ぶどう園の労働者のたとえ」の記事と「ヤコブとヨハネの母の願い」の記事との間に挟まっているという構成となっているということです。

マルコは、主イエスの要求に応えることができずに立ち去った金持ちの男とは対照的に、弟子のペトロが「このとおり、わたしたちは何もかも捨ててあなたに従って参りました」（マルコ一〇章二八節）と自らの献身を示したのに対して、主イエスが「しかし、先にいる多くの者が後になり、後にいる多くの者が先になる」（同三一節）との神の国の教えを諭し、それに引き続き受難予告、そして栄光の座を求める弟子たちへの教えを記しています。その点でマタイは、「弟子の無理解」を描こうとしたマルコの記事とは違う流れを持っています。

つまり、マタイによる福音書では、「ぶどう園の労働者のたとえ」に記される最後の者にも同じ一デナリオンを支払うという神の憐れみ深さとは対照的に、この世の権力、世俗的欲望に心を奪われてしまう弟子たちの姿が描かれ、また、主イエスは神の憐れみの中で受難の道を辿っていかれるのだということを示す物語の構成となっているということです。その枠組みの中で、本日私たちに示された二〇節以下の「ヤコブとヨハネの母の願い」の物語は記されていきます。

　ここで一つ、著者マタイの特徴を挙げますと、彼は弟子たちのことをイエスの教えを悟る権威ある者として描く傾向があり（一六章一二節）、あまり弟子たちを批判の対象として描かないという特徴がありますから、恐らくここでも、マルコのような弟子批判（弟子の無理解）を避けるために、ヤコブとヨハネ本人ではなく、その「母」がイエスに願い出た話に書き換えたのだと思われます。

　また、マタイの記述に従って読み進めていく時に〝一体この母とは誰のことなのか？〟という疑問が湧いてくるわけですが、聖書の幾つかの記述からしますと、この母親の名は「サロメ」で、主イエスの母マリアの姉妹ということになりますから、ゼベダイの息子たちはイエスの従兄弟という近い関係となることが分かってきます（マタイ二七章五六節、マルコ一五章四〇節、ヨハネ一九章二五節）。そうしますと、ヤコブとヨハネは、多くの者たちが師と仰ぐ主イエスの近親者にあたるということになりますから、「一人はあなたの右に、もう一人は左に座れるとおっしゃってください」（二〇章二一節）と率直に願い出た母親の心境はもっと容易に理解できるようになると思います。

　さらに、二一節に出てくる「王座にお着きになるとき」という言葉は、ギリシャ語の原文では「あなたの王国で」と訳せる言葉で、イエスがメシア的王として支配する国のことを指す言葉となっていますし、「右」というのは聖書では名誉の座（詩編一一〇編一節）、「左」はそれに続くものですから、この母親が息子たちの将来を思って主イエスに願い出たということも分かってきます。

しかし主イエスは、その母親の願いとは裏腹に、「あなたがたは、自分が何を願っているか、分かっていない。このわたしが飲もうとしている杯を飲むことができるか」（二〇章二二節）と尋ね返します。

ここで主イエスが「あなたがたは」と、母親だけではなく二人の息子たちに答えている点は注目に値します。つまり、ゼベダイの息子たちも同じ世俗的欲望、栄光の座に与るという願いを共有しているということだからです。また、二四節には「ほかの十人の者はこれを聞いて、この二人の兄弟のことで腹を立てた」ともありますから、この世の名誉や権力に関心を持っていたのは二人の息子たちのみならず、弟子たち全員であったということも分かります。

さて、主イエスに尋ねられた二人の弟子たちは、主イエスが飲もうとしている杯を飲むことが「できます」（二二節）と答えました。結果、主の受難において二人はそれを実践することはできませんでしたが、この時の気持ちは決して嘘《うそ》ではなかったのだと思います。母親も、また息子たちも、主イエスに従い歩んできた中で、主の栄光の座に共に与りたいと心から願ったのでしょう……。

しかし、何度も繰り返しお伝えしていますように、主イエスの福音は、弟子たち、また私たちの思いや願いを超えたかたちで示されていくのです。

折に触れて読み返す本があります。牧師の妻となり、四三歳の若さで癌で亡くなった原崎百子さんの『わが涙よわが歌となれ』（新教出版社）です。

もう長くは生きられないことを知った原崎百子さんは、亡くなる五カ月前から闘病日記をつけ始め、四人のお子さんたちに数多くの言葉を残しました。

六月二八日「愛する子供たちへ」の中で、彼女は以下のように記しています。

あなたがたは信ずるだろうか、
この母が、あなたたちをこよなく愛していることを。一人一人を、どの一人をもかけがえのないものとして、こんなにも切ない思いで愛していることを。
あなたたちを、この体の中ではぐくみ、父と共に、感謝と喜びをもって、迎え、抱き、育て、力を合わせていつくしんできたことを。

あなたがたが、この母の愛をもし信ずるならば、どうか信じて欲しい、神さまの愛を信じて欲しい。一人一人をかけがえのないものとして、いつくしんで下さっている神さまの愛を、信じて欲しい。

たとい、お母さんが天に召されても、それでも、あなたがたが信じつづけられるように。悲しみを乗り越えて生きていけるように。

覚えてほしい、私の愛は小さな支流、神さまの愛こそが本流であると。

この日記の中に記されていますように、我が子を思う愛情の先に、見つめ続け、示し続けている神の愛の本流があること、そのことこそが、本日与えられた箇所の中で、主イエスが母親をはじめとする弟子たちすべてに示そうとされたことなのではないでしょうか。

もう一度、聖書のみ言葉に立ち返ってみたいと思います。

二五節以下には「あなたがたも知っているように、異邦人の間では支配者たちが民を支配し、偉い人たちが権力を振るっている。しかし、あなたがたの間では（筆者注＝原文では三度記される）、そうであってはならない。あなたがたの中で偉くなりたい者は、皆に仕える者になり、いちばん上になりたい者は、皆の僕になりなさい。人の子が、仕えられるためではなく仕えるために、また、多くの人の身代金として自分の命を献げるために来たのと同じように」（二五―二八節）との主イエスの教えが続きます。

ここに語られていますように、主イエスが示したものは、母親や弟子たちが求めたこの世の名誉でも権力でもなく、苦しみを背負って進み行く十字架の受難、他者に仕える道でした。これはただキリストが辿ってくださった十字架の死の苦しみに追従する「自分の十字架」を背負っていくことを通して、主に仕える者とされていくという教えです。

また、もう一つだけマタイによる福音書の特徴をお話ししますと、二七節の「皆の僕」という言葉は、マルコでは「すべての人の僕」となっているのに対して、ここでは「あなたがたの僕」、つまり「弟子たちの僕となりなさい」という言葉に変わっています。これは同じ信仰共同体の間で〝互いに仕え合う者となりなさい〟という教会への勧めとしても語られています。

けれども、主イエスの後に続き、自分の十字架を背負って、他者に仕えて歩むということは口で言うほど易しいことではありません。同じものを見上げ歩む教会の中にも衝突があり、私たちは多かれ少なかれ苦難や試練、挫折や悲しみを体験する中で、「何故？」という問いを神に対して抱きながら生きています。

二〇一一年三月一一日に起きた東日本大震災では、福島県で生活していた親戚筋の者数名が、あの大津波で命を落としました。幸い命は助かったものの、未曾有の出来事の中で家屋や生活のすべてを失い、仮設住宅での生活を強いられた親族たちもいます。震災後、何度か現地に足を運び慰問してきましたが、愛する家族や親族との別れは私たちの歩みの中で辛く悲しい出来事として残り続けますし、私たちは思いも寄らない出来事に遭遇する中でいつも神に対する「何故？」という問いを心の中に抱き続けます。

私自身も未熟さゆえに牧会者として歩むことの苦悩を体験し、「我、我」と心を取り乱してしまうことの多い歩みであることを振り返る時、主イエスが求められる教えからほど遠いところにいる自分に気付かされます。そして、あの母親や弟子たちと同じように、〝できることならば苦難を背負うことなく平穏に暮らしたい〟〝幸福に満ちた人生を送りたい〟と呟き、願い、人に仕えることよりも、人から賞賛を受けるような人生をふと望んでしまいがちな自分がいることにも気付かされるのです。

しかし、愛の実践者であったマザー・テレサが「信仰が足りないのは、自己中心と、自分の得になることだけを求めることが多すぎるからです。信仰がほんものなら、それは仕えずにはいられない愛であるはずです。愛と信仰はひとつになっているもの、互いに補いあって完成しあうものです」と語ったように、主イエスはそうした私たちの思いや願いを超えて、キリストのみ跡を辿って他者に仕える者となるようにと導かれるのです。

晩年、月刊誌『信徒の友』（日本キリスト教団出版局）に趣味の短歌や詩を投稿していた父が、死期を前に投稿し入選した一つの詩があります。僭越《せんえつ》ながら、追悼の意を込めて、最後にご紹介させていただきます。

『神に命令』 山口壽明（二〇一八年七月号『信徒の友』より）

私は自分の願いが
成就するように
熱心に神に祈った

日本基督教団　大阪城北教会　山口義人

しかし神は沈黙したままだった
「どうして」と私は思った
そして私は気づいたのだ
自分の願いが達成するように
神に命令していた自分に

私も父と同じく牧会者の道を進みましたが、まだまだ願い求めることばかりが多い歩みの中で、父が最期に残してくれた遺産を胸に、微力ながらも主の十字架の苦しみに思いを寄せつつ、主に信頼して歩む者とされていきたいと願っています。そして私たちもまた、共に主に仕える者、他者に仕える者として信仰の旅路を進み行く者とされていきたい。このレントの時、心からそう祈り願います。

何故ならば、神は誰もがすべての終わりと捉える「死」と「墓場」を新たな「生」を紡ぎ出す場、私たちの信仰の「出発地点」に変えてくださった方であり、私たちの弱さや脆《もろ》さのすべてを受け止めたその先に、主の十字架の福音は示されているからです。

【引用文献】
『マザー・テレサのことば　神さまへのおくりもの』半田基子訳、女子パウロ会、一九八一年
原崎百子『わが涙よわが歌となれ』新教出版社、一九七九年

日本基督教団　大阪城北教会　山口義人

受難節第六主日　―棕梠の主日―

今はあなたたちの時

日本基督教団　武蔵野扶桑教会　北村裕樹

ルカによる福音書二二章三九―五三節

イエスがそこを出て、いつものようにオリーブ山に行かれると、弟子たちも従った。いつもの場所に来ると、イエスは弟子たちに、「誘惑に陥らないように祈りなさい」と言われた。そして自分は、石を投げて届くほどの所に離れ、ひざまずいてこう祈られた。「父よ、御心なら、この杯をわたしから取りのけてください。しかし、わたしの願いではなく、御心のままに行ってください。」〔すると、天使が天から現れて、イエスを力づけた。イエスは苦しみもだえ、いよいよ切に祈られた。汗が血の滴るように地面に落ちた。〕イエスが祈り終わって立ち上がり、弟子たちのところに戻って御覧になると、彼らは悲しみの果てに眠り込んでいた。イエスは言われた。「なぜ眠っているのか。誘惑に陥らぬよう、起きて祈っていなさい。」
　イエスがまだ話しておられると、群衆が現れ、十二人の一人でユダという者が先頭に立って、イエスに接吻をしようと近づいた。イエスは、「ユダ、あなたは接吻で人の子を裏切るのか」と言われた。イエスの周りにいた人々は事の成り行きを見て取り、「主よ、剣で切りつけましょうか」と言った。そのうちのある者が大祭司の手下に打ちかかって、その右の耳を切り落とした。そこでイエスは、「やめなさい。もうそれでよい」と言い、その耳に触れていやされた。それからイエスは、押し寄せて来た祭司長、神殿守衛長、長老たちに言われた。「まるで強盗にでも向かうように、剣や棒を持ってやって来たのか。わたしは毎日、神殿の境内で一緒にいたのに、あなたたちはわたしに手を下さなかった。だが、今はあなたたちの時で、闇が力を振るっている。」

礼拝中、一つ懸念していることがあります。今から一二時まで、礼拝が終わるまでの間に、教会の目の前を街宣車が通るか否かということです。どうして日本の選挙というものは、直前になってから候補者の名前を大声で連呼するのでしょうか。「私はがんばっていますす」とアピールするかのように人が立ち、候補者の名前を連呼しています。とはいえ、これには仕方のない面もあります。政治活動、特に選挙運動は本当に難しいのです。街宣車にはルールがあります。街宣車が移動中に行ってはならないことのひとつが、「政策を話すこと」です。これは不思議に思います。「政策で選挙するのでは」と。もちろん、その通りです。しかし、講演会や街頭演説で政策を話してもかまわないのですが、移動中はだめなのです。結果、街中を走る街宣車では名前を連呼するしかありません。

それにしても、政治の世界というのはそれほど魅力的なのだろうかと思います。権力欲、名誉欲、金銭欲……人の心をくすぐる「何か」があるのでしょう。志高く政治の世界に足を踏み入れたはずの政治家が贈収賄疑惑で逮捕されるニュースを聞くたびに、「政治の世界にはなんと誘惑が多いのだろう」と思わされます。「何か」に魅了され、誘惑に身を委ねてしまいたくなる世界なのかもしれません。一説には、少しでも有名人になれば、「政治家になりませんか」とのお誘いがあるといいます。もし、自分が政治家にでもなってしまったなら……その誘惑に打ち勝つ自信など、誰にもないのではと我が身を振り返りつつ、そう思います。

誘惑

かつて、イエスは弟子たちに「どのように祈ればよいですか」と問われた時、ひとつの祈りを教えてくださいました。私たちが毎週の礼拝で祈る、あの「主の祈り」です。そして、その中でイエスは、「わたしたちを誘惑に遭わせないでください」（ルカ一一章四節）と、神に祈ることを教えてくださいました。今、私たちが祈る「主の祈り」（一八八〇年訳）の言葉で言えば、「我らをこころみにあわせず、悪より救い出したまえ」の部分です。こう祈ることで私たちは毎週、「誘惑に遭わせないでください」と祈っています。しかし、聖書の記述を読む限り、弟子たちは本当に「誘惑に遭わせないでください」と祈っていたのかと疑いたくなることがあります。また、祈っていたとしても、一人では誘惑に打ち勝つことが難しかったのではないでしょうか。それくらい、聖書に出てくる弟子たちはいつも誘惑に負けているように思えます。彼らは、「先生が一緒だから」「イエス様が一緒におられるから何とかなる」と思っていたのではないでしょうか。まさに「おんぶにだっこ」、全く自分で歩こうとしない姿です。

イエス自身はその弟子たちの姿をどのように捉えていたでしょうか。イエスは主の晩餐に際して弟子たちに「わたしが種々の試練に遭ったとき、絶えずわたしと一緒に踏みとどまってくれた」（二二章二八節）と語られました。弟子たちは、イエスが試練に遭った時には踏みとどまり、イエスと行動を共にしたと。しかし、弟子たちが自発的に、自覚的な判断で踏みとどまっていたかと言えば、疑問が残ります。やはり、「イエスが一緒だったから」踏みとどまれたのではないでしょうか。ここでイエスが語られた「試練」という言葉は、先ほどの「誘惑」と同じ言葉、ギリシャ語で「ペイラスモス」という語です。「試み」と訳すと一番そのニュアンスを伝えやすいのではないだろうかと思います。その試みの中、たくさんの誘惑の中にあって、弟子たちがイエスのそばにとどまり続けることができたのは、やはりイエスが共にいたからでしょう。

今日の場面が、そのことをよく表しています。イエスが一人、弟子たちからちょっと離れて祈り始められると、弟子たちはどうなったでしょう。学生時代の私と同じ。もしかすると皆さんの中にもそのような経験をした方もおられるかもしれません。そう、夢の世界に旅立つのです（二二章四五節）。

なぜ弟子たちは眠ってしまったのでしょう。このオリーブ山に来る直前には、「イエスと一緒なら死んでもかまわない」と宣言していたはずの弟子たちです（二二章三三節）。熱く燃えていたはずの弟子たちです。しかし、その熱く燃えていた弟子たちが、イエスがすぐそばにおられるにもかかわらず、眠りに落ちてしまうのです。

人間は見たくないものを見なければならない時、考えたくないことを考えなければならない時、目を閉じて、眠りの中に逃げ込むことがあります。本当に苦しい時、そのことがずっと頭を離れない時、怖くなって、とにかく寝て忘れようとします。

イエスは、「定められた時は近い」とおっしゃっていました（二二章二二節）。それは「御子が取り去られる時」です。弟子たちはこれまでずっと、イエスに「おんぶにだっこ」でした。イエスが共におられれば、弱い私たちでもなんとかやっていける。イエスが共におられれば、弱い私たちも試練に耐えることができる、踏みとどまることができる。でも、その蜜月がもう終わるかもしれない。そのような思いが心をよぎった時、そのことを考えたくなくて、弟子たちは目を閉じてしまったのではないか。怖くなって、その考えを頭から振り払うために目を閉じ、「違う、違う」と考えているうちに眠ってしまったのでしょう。

また、「自分の思う通りのイエス」「自分の理想とするイエス像」の中にイエスを押しとどめようとして、その誘惑に負けて、目の前の苦しんでいるイエス、汗が血のようにしたたるほど祈っておられるイエスを直視することができなかったのではないかとも思えます。弟子たちはこのような誘惑と戦い、負けてしまいました。

イエスの揺らぎ

一方、今日の場面には、もう一つの戦いがあります。「誘惑」は「自分のわがまま」だけではありません。「誰かのために何かをしてあげようとする」、自分を持ち上げるという誘惑もあります。「誰かのために何かできる」という傲慢と言い換えてもよいでしょう。イエスはこの誘惑と戦っておられます。

これからイエスは十字架につけられようとしています。その十字架はイエス自身のためですか。違うでしょう。私たちの救いのためにイエスは十字架につけられるのです。

この場面について人はこう言います。「イエス様だからそんな誘惑など関係なかった」「イエス様は強い方だから、誰かのために何かをしてやるなどという傲慢とは無縁だ」「ただただ、自分を犠牲にして、様々な誘惑を振り切って、十字架についたのだ」と。

この御心に基づいて、ただ一度イエス・キリストの体が献げられたことにより、わたしたちは聖なる者とされたのです。（ヘブライ一〇章一〇節）

ヘブライ人への手紙の著者はイエスの姿を、自分を犠牲にして全ての人のために尽くされた、ある種のスーパーマンとして描いているようです。「その優れた方が私たちのために犠牲になってくださったから、私たちは救われたのだ。だから私たちは今、生きているのだ」とイエスを評価しています。

しかし、ルカによる福音書に描かれるイエスはそのようなスーパーマンだったのかと問われれば、私は違うと思うのです。なぜなら、血のように汗を流しているからです。もし、何の揺らぎもないならば、イエスは汗ひとつ流さず、「神様、あなたの御心に応えていきます。アーメン」と祈られたでしょう。しかし、イエスの祈りは違います。「父よ、御心なら、この杯をわたしから取りのけてください」（二二章四二節）と祈られます。揺らいでいます。怯えています。それは一つには、自分自身の命が失われるという怯えだったのでしょう。そして、もう一つは、先ほど述べた、「私がこれから為そうとすることが人のためだ」との傲慢に、自分が陥ろうとしているのではないかという怯えだったのかもしれません。

このイエスの揺らぎが私たちの心を打ち震えさせます。イエスの姿が全てスーパーマンとしてだけ描かれていたとするならば、私たちは聖書を読んだとしても、「へぇ、イエス様すごいな、イエス様かっこいいな、でも自分にはできひんな、はっはっはっは」と、自分をごまかして終わると思います。しかし、イエスも一人の人間として苦しまれ、悩まれ、人からは蔑《さげす》まれ、その揺らぎの中におられるということを知った時に私たちは、「私たちの揺らぎも神の前に何ら恥ずかしいことではないのだ。私たちが揺らぐように、イエス様も一人の人間として揺らいでおられるのだ。そのイエス様と共に歩むことができることはなんと幸いなことだ」と受け止めていくことができるのではないでしょうか。しかも、「自分がこれから歩まねばならない道から、できれば逃げ出したい」という、ある意味不信仰とも言われかねないギリギリのところでイエスは祈っておられます。そう、そこまで祈ってよいのです。

そして、イエスはまた同時に、今、自分が下そうとしている決断が本当に神の御心に適った行いなのかどうかを問うておられるように見えます。「神様、今、私が為そうとしていることは常に正しいことですか。あなたの御心に適っていますか。私のわがままではなく、あなたの御心ですか。私の傲慢ではなく、あなたの御心ですか。どうぞこの誘惑から私を救い出してください」とイエスは祈っておられる。弟子たちが眠ってしまっているのとは対照的に、イエスはしっかりと目を開いて神の思いに目を向けようとしています。それが誘惑なのか、それとも御心なのか、しっかり見極めようとされている。この姿が私たちを力づけるのです。

けれども弟子たちは、イエスのその姿を見ていませんでした。自分の世界に埋没し、見たくないものを見ないように、聞きたくないものを聞かないように、ずっと自分の心の中に閉じこもっていました。

今はあなたたちの時

だが、今はあなたたちの時で、闇が力を振るっている。（ルカ二二章五三節）

イエスを主と仰ぎ、イエスと共に歩む豊かな世界はまだ来ていない。言い換えるならば、イエスの「わたしの時」はまだ来ていない。けれども、その中にあっても、「わたしはあなたたちに色々なものを示し続けてきた」とイエスは言いたいのだと思います。確かに今は「あなたたちの時」、今は救いを救いとして受け止められないように思える時、信じられない時かもしれないけれど、もうその「定められた時」は近い、救いの時は近いと言おうとしているのだと思います。

翻って、私たちを取り巻く世界はどうでしょうか。『讃美歌21』三〇二番「暗いゲッセマネ」の四節にはこのような歌詞があります。「夜明けに弟子は　み墓へ急ぎ　天使の知らせ、喜びました。『神の子イエスは　よみがえられた』」。私たちは来週には復活の出来事があるということを知っています。つまり私たちは、イエスの復活があった、すでに「わたしの時」となっているはずの「時」に生きています。にもかかわらず、私たちを取り巻くこの世界は、まるでイエスを逮捕し、イエスを十字架につける「あなたたちの時」のように思えます。周りは誘惑だらけです。試練だらけです。人を人とも思わぬ悪行が行われたりもします。見たくないもの、聞きたくないものに蓋をして、さも「新しい時代が来る」かのように振る舞う人たちのなんと多いことか。

私たちは分かっているはずです。「私のわがまま」や「私を持ち上げようとする傲慢」の中に今もなお、私たちは生きています。復活のイエスを迎え入れて明るくなったはずの今の私たちの世の中は、どんどん暗くなっているように思えます。そのような中にあって、復活のイエスを知り、復活の喜びを知っているはずの私たちはどのように生きていくのか。私たちもまたこの弟子たちと同じように、「今は『あなたたちの時』だから少し黙っています。じっとしています。もう少し眠っています」と振る舞えば、楽かもしれません。けれども、「今、生きている」私たちに何をすることが求められているのか、「今、生きている」私たちがどう生きることがより神の御心にふさわしいのか、そして、その思いは私のわがままから来ているのではないだろうか、また、私の傲慢から来ているのではないだろうかと、常に神の前に問い続けていくことが求められているのです。

確かに「あなたたちの時」のように思える「今」です。しかしすでに、イエスの「わたしの時」のはずです。さらに言えば、主の光に照らされた「私たちの時」のはずなのです。この「私たちの時」にあって、私たちはどのように過ごすのか。それを考えることはとても苦しいことです。厳しいことです。きっと、血のような汗をしたたらせて祈らなければならないことだと思います。けれども、その一つひとつの歩みの中に、「平和」につながる道があると信じています。また、「共に生きる」ことにつながる道があると信じています。

二〇一九年、東京大学の入学式で上野千鶴子さんがこんな祝辞を述べられました。東京大学の学生はいわゆる受験戦争に勝ち抜いた人たちです。がんばったことが報われた人たちです。しかしその「がんばりが報われる社会」は先人たちが切り開いてきたものであって、自分たちで造ったものではないということを知っておいてほしい、との祝辞でした。そして、そのがんばりを自分自身のためではなく、人を助けるために使ってほしいともおっしゃっていました。

私たちもまた同じだと思います。私たちが今、健康を与えられて、日曜日に礼拝に集うことができているのは、自分の努力以上に、神の恵みの中にあって、色々なものが整えられているからです。その恵みをどのようにすれば人に伝えていくことができるのか、どのようにすれば分かち合っていくことができるのか、一所懸命考えることが大切です。そのために私にできることは何かと考える。この世の中で全ての人が喜びをもって生きるためにはどうすればよいのか示してください、そう祈り続けたいと思います。

だが、今はあなたたちの時で、闇が力を振るっている。（ルカ二二章五三節）

確かにそう見えます。でももう、「私たちの時」は来ています。主の光の中で、主の光に照らされて、しっかりと考えていきましょう。特にこの一週間、主の十字架への最後の道行きを覚える一週間を、多くの教会では大切な仲間たちの証しを聞く一週間としています。語る者一人ひとりがどのように神の御心を受け止めて、どのように歩んでいるのかということを分かち合うことによって、聞く者一人ひとりの人生がさらに豊かにされていきます。「私たちの時」を存分に生かすために、この一週間をしっかりと歩んでまいりましょう。

【参考文献】
上野千鶴子「平成三一年度東京大学学部入学式　祝辞」
https://www.u-tokyo.ac.jp/ja/about/president/b_message31_03.html

洗足木曜日

食べなさい、飲みなさい

関西学院大学神学部　橋本祐樹

マタイによる福音書二六章二六―三〇節

一同が食事をしているとき、イエスはパンを取り、賛美の祈りを唱えて、それを裂き、弟子たちに与えながら言われた。「取って食べなさい。これはわたしの体である。」また、杯を取り、感謝の祈りを唱え、彼らに渡して言われた。「皆、この杯から飲みなさい。これは、罪が赦されるように、多くの人のために流されるわたしの血、契約の血である。言っておくが、わたしの父の国であなたがたと共に新たに飲むその日まで、今後ぶどうの実から作ったものを飲むことは決してあるまい。」一同は賛美の歌をうたってから、オリーブ山へ出かけた。

よく知られた最後の晩餐の場面です。

イエスと弟子たちが過越の食事を共にしています。過越は出エジプトの出来事を記念する祭りであり、伝統的にはその祭りの日の夜、犠牲の小羊を家で焼き、種なしパンと一緒に食べて祖先の苦難と解放を思い起こします。今日の聖書箇所から少し遡《さかのぼ》って見ますと、すでにこの食事の時までに、これから生ずる「受難」は弟子たちに告げられており——その意味は弟子たちには全く明確ではなかったでしょうが——祭司長や長老たちによるイエスを殺す計略も、ユダの裏切りの企ても進められていました。祝祭日とは言え、ここで持たれているイエスと弟子の食事は決して和やかな楽しい食卓とは言えません。

食卓で小羊が振る舞われたか、聖書からは分かりませんが、今日の聖書の言葉は、現在、私たちが聖餐式において耳にしている言葉、目にしているイメージの言わば原型とも言える光景を語っていきます。

二六節、「一同が食事をしているとき、イエスはパンを取り、賛美の祈りを唱えて、それを裂き、弟子たちに与えながら言われた。『取って食べなさい。これはわたしの体である』」。

イエスはパンを取り、それを裂いて弟子たちに与え、「食べなさい」と言われます。そして二七節、「また、杯を取り、感謝の祈りを唱え、彼らに渡して言われた。『皆、この杯から飲みなさい。これは、罪が赦されるように、多くの人のために流されるわたしの血、契約の血である』」。

イエスは続いて杯を取り、弟子たちに渡して、「飲みなさい」と言われます。続く箇所には「ぶどうの実から作ったもの」とありますから、中身はやはりぶどう酒であったのでしょう。

マタイ福音書に記されるこの短い主の晩餐の物語ですが、改めて確認するとマルコ福音書にも、ルカ福音書にも、そして第一コリント書にも同様の晩餐の話が記されています。それらとの比較からマタイ福音書の味わいを確認してもよいでしょう。

福音書記者マタイが福音書執筆の際に参考にしたと考えられるマルコとの比較から指摘できるのは、一つには、マタイは、ぶどう酒が何を意味するかを説明するために「罪が赦されるように」という言葉を付け加えたという点です。つまり、マタイの物語ではイエスの死というものに、罪の赦し、贖罪の意味合いを明らかな仕方で表明しているということになります。さらに次の点、おそらくこれも今日の聖書箇所を読むだけでは気付き難いものかもしれませんが、パンに続いて杯から飲むところに関しても、マルコ福音書の描写は「説明的叙述文」であるということ、つまりマルコでは淡々と、イエスは杯を「お渡しにな」り、「彼らは……飲んだ」と記述されるだけですが、マタイはこのやりとりにおけるイエスの言葉をより詳細に記しており、イエスはパンとぶどう酒について、それぞれ「食べなさい」「飲みなさい」という命令の言葉を発しておられるのです。

初代教会における伝承、聖餐の祭儀を反映して、マタイの晩餐の物語は他の文書よりも「より儀式化されている」という解説をすることが可能かもしれませんが、主の晩餐におけるこのイエスの命令の強調は、物語としての味わい自体をも深めてくれているように私には思えます。

マルコ福音書ではパンについて「取りなさい」とは書かれますが、飲みなさいとまでは語られません。少し広げてルカ福音書を見ても、「回して飲みなさい」という杯についての言葉を拾い上げていますが、パンについては「食べなさい」との言葉はありません。第一コリント書を見ても、「食べなさい」とも「飲みなさい」とも書いていません。主の晩餐の記事に関して、「食べなさい」「飲みなさい」とのイエスの言葉を拾い上げ、いわばその命令を明確にしているのは今日のマタイだけなのです。

もしよければ食べてください、あなたが望むなら飲めばよい、というような優しげな、私たちの自由な選択可能性を担保してくれる言葉はここにはありません。マタイにおいて主の晩餐の、配餐の言葉は、あくまで二重の命令なのです。

主の晩餐のパンとぶどう酒、それらを「食べなさい」「飲みなさい」と言われることの意味とは何なのでしょうか。ここにあるのは、宗教が取り得る排他的で傲慢《ごうまん》な姿勢に対応する言葉なのでしょうか。あるいは有無を言わさないイエスの王権、絶対的な主権の怯《ひる》みなき強さの表示でしょうか。

神戸で牧師をしていた時、遣わされていた教会の仕事に併せて、日本基督教団兵庫教区の沖縄交流委員会に所属しました。「沖縄」「交流」という表現に、なんだか楽しそうだと思う人がおられるかもしれませんが、決してそうとは言えませんでした。ご存じのとおり、戦後すぐに沖縄はアメリカの施政権下に入り、一九七二年の沖縄返還までそのまま留め置かれることになります。その現実の中でやがて生じたのが沖縄キリスト教団です。その後一九六九年に日本基督教団と「合同」することになるわけですが、合同議定書の前文では、戦争において受けた傷に関して、「この世の歴史においては、この傷はいまだいやされるに至っていない」「この裂け目を克服する志を表明した。これが両教団の合同である」ことが記されました。この裂け目の克服という課題の前に自責的に立ち、その課題を少しでも受け止めようとするのが沖縄交流委員会です。

具体的には隔月で委員会を守り、現地の教会活動や基地問題等の情報を共有して連帯を図り、加えて二年に一度、「沖縄交流の旅」を企画して、教区のメンバーと共に沖縄を訪ねました。

ある年の交流の旅で向かったのが石垣島と宮古島です。ちょうど、出発の直前に私の母方の祖母が亡くなったこともあり、葬儀の翌日に発《た》ったその旅のことをよく覚えています。皆で様々な場所を訪ねました。現地の教会、伝道所に始まり、自衛隊のレーダー基地、飛行場、避難所となっていたガマ（洞窟）、慰安所の跡地、特攻艇の秘匿壕。沖縄の信徒の方から聞いた、「沖縄は本土の捨て石だ」という言葉も忘れられません。

石垣島の教会の牧師に現地を一日案内してもらって、最後、夜に皆で向かったのが民謡酒場でした。現地の人が家族で経営しておられ、その名のとおり歌って飲んで、そして踊ります。薄暗い店内には小さな机と古いソファが置かれ、少し広めのステージがありました。経営者家族の女性が三線を弾いて歌い、その小学生くらいの娘さんも一緒に歌っていました。皆で踊りのコツも教えてもらいました。

ステージでは沖縄の歌がたくさん歌われていましたが、私が思い出すのは、あの「花」

ー（別名「すべての人の心に花を」）という歌です。後から調べたのですが、沖縄出身のミュージシャン、喜納昌吉《きなしょうきち》さんが作詞作曲を手掛け、一九八〇年に発表されて大ヒットし、アジア各国でも多くのカバーが生まれた曲だそうです。今日でも新たにカバーされており、耳にすることも少なくありません。音楽評論家の藤田正さんは、喜納さんを「日本史上初めての『ルーツを持つロック』を創出した」人物として、「花」を「現代沖縄音楽を代表する作品」だと評価していました。改めて、喜納さんが歌っているものを聞くと、ゆっくりとしたテンポで、少しかわいらしいくらいの電子音にギターの前奏が加わり、ハスキーな声で歌が始まっていますが、あの夜の石垣島の民謡酒場では、母親の素朴な三線に合わせて、親子で歌っていました。皆さんもご存じでしょうか。よく知られたあのフレーズです。

川は流れてどこどこ行くの
人も流れてどこどこ行くの
そんな流れがつくころには
花として花として咲かせてあげたい

泣きなさい笑いなさい
いつの日か
いつの日か花を咲かそうよ

それまでただ何気なく聞いていたあの歌の、特にこの後半のサビのフレーズの意味を、あの場所で初めて自分なりに理解することができた気がしました。牧師を辞任しようと考えていたあの時期、祖母を見送ったばかりの私自身の心の状態や、その日一日現地に住む人々と出会って戦争にまつわる様々な場所や遺跡をまわってきたことも関係していたのでしょう。あの時、あの場所で、あの歌を聞いて、これは、この地で生まれた歌なのだと分かった気がしました。勝手にすべて分かったようなことを言うことも、ひとごとのように言うこともできませんが、理不尽を抱え、今もなお容易に解決できない苦しさを強いられ、簡単には泣けないでいる、心から笑えないでいる、そういう人に向けられた歌なのだと思えました。心が凍りついて笑えない時、泣くことができない時、人は「笑ってもいいよ」では笑えない、「よければ泣いてもいいよ」では泣けないのかもしれません。

泣きなさい、笑いなさい、いつの日か、いつの日か、花を咲かそうよ――ここにあるのも命令形です。命令とか、命令されると言うのは嫌な気がするものかもしれませんが、そのような嫌な調子は不思議と少しもありません。むしろ、その命令の言葉は、理解と愛に満ちているように思えます。そのように愛によって発せられる、愛によって解釈すべき、命令の言葉もきっとあるのです。

マタイ福音書の主の晩餐の物語で、命ずることを繰り返すイエスの言葉こそ、本当にそうなのかもしれない、と私は思います。

マタイ福音書の主の晩餐の場面、イエスはパンを取り、神を賛美する祈りを唱えて、それを裂き、弟子たちに渡します。「取って食べなさい」。

イエスは続いて杯を手にして、神に感謝する祈りを唱えて、それを弟子たちに手渡されます。「この杯から飲みなさい」。

イエスを裏切り、捨てる前、復活の出来事以前には、十字架の意味など分からなかったことでしょう。この晩餐の意味も、どこまで受け止めることができていたか分かりません。イエスを捨てた後で、イエスを捨てる小さな自分を知った後でこそ、真理を踏みにじる自分自身の姿に直面してこそ、復活の光の中で、その意味は見えてきたのではないでしょうか。

ペトロは晩餐の後、「たとえ、みんながあなたにつまずいても、わたしは決してつまずきません」「あなたのことを知らないなどとは決して申しません」と言ってのけました。「弟子たちも皆、同じように言った」とも書いてあります（マタイ二六章三一―三五節）。イエスは、やがて生ずる弟子たちの離反と裏切り、その弱さをご存じです。もしかしたら、と思います。イエスは、裏切った者が自分からは手を伸ばせないことをも、ご存じだったのではないでしょうか（ルカ二二章三一―三二節）。裏切った時、間違いを犯した時、傷つけた時、しかもそれが取り返しのつかないような事柄であった時、誰が、傷つけた相手に図々《ずうずう》しく手を伸ばせるというのでしょうか。

主の晩餐の伝承は、初代教会において儀式化され整えられていく経緯の中で、例えば過越の食事を表現する言葉などは削られていき、より本質的で重要であると考えられる言葉が残っていったそうです。それゆえ過越の食事を直接に表す言葉は今日の主の晩餐の伝承には見られません。伝承の経緯の中で磨かれてきたと考えられるこのマタイの晩餐の物語に、なおも命令形の、「食べなさい」「飲みなさい」の言葉が大切に残されていることの意味を思います。

私たちも自分の過ちの大きさ、深さに崩れ落ちる経験をします。自分から胸を張って主に手を伸ばせないでいる、そのような者に向かって、赦しのためにご自身を差し出すイエスは、やんわりと「もし、よければ」とは言われません。「取りなさい」と命じてくださいます。主の晩餐のパンとぶどう酒、それらを「食べなさい」「飲みなさい」と言われることの意味とは、高圧的で排他的な教化でも、その怯みなき権威の強調でもなく、「イエスは……世にいる弟子たちを愛して、この上なく愛し抜かれた」（ヨハネ一三章一節）ということに尽きるのだと思います。だからこそ弟子たちはこの言葉を残していったのではないでしょうか。

主の晩餐の後、一同は「賛美の歌」を歌ったと伝えられています。「取りなさい」と命じられた主の晩餐の言葉の意味のみならず、弟子たちは後に、神を賛美する心をも新たにしたことでしょう。自らの歩みを思い起こし、イエスの前に、神の御前に、自分から胸を張って進み出られないという思いを抱えている方もおられるかもしれません。しかし、すべてをご存じであるイエスは、「取って食べなさい」「飲みなさい」と命じてくださいます。感謝して、悔い改めて聖餐に与り、私たちも新しい心と行動をもって、主を賛美して歩んでいきたいと願います。

【参考文献】

佐藤研訳「マタイによる福音書」『新約聖書』（新約聖書翻訳委員会訳）岩波書店、二〇〇四年、一四六―一四七頁、一六七―一六九頁

三好迪「過越の祭」『旧約新約聖書大事典』（旧約新約聖書大事典編集委員会）教文館、一九八九年、六五六―六五七頁

【引用文献】

「日本基督教団と沖縄キリスト教団との合同に関する議定書」一九六九年

橋本滋男著「マタイによる福音書」『新共同訳新約聖書注解Ⅰ』（高橋虔他監修）日本基督教団出版局、一九九一年、一五二―一五三頁

藤田正『沖縄は歌の島――ウチナー音楽の500年』晶文社、二〇〇〇年、一三〇―一三一頁、二五五頁

関西学院大学神学部　橋本祐樹

受難日

神の子は、他人を救ったのに自分を救えない

カンバーランド長老キリスト教会　さがみ野教会　宮井岳彦

マルコによる福音書第一五章二一―三三節

そこへ、アレクサンドロとルフォスとの父でシモンというキレネ人が、田舎から出て来て通りかかったので、兵士たちはイエスの十字架を無理に担がせた。そして、イエスをゴルゴタという所――その意味は「されこうべの場所」――に連れて行った。没薬を混ぜたぶどう酒を飲ませようとしたが、イエスはお受けにならなかった。それから、兵士たちはイエスを十字架につけて、
その服を分け合った、
だれが何を取るかをくじ引きで決めてから。

イエスを十字架につけたのは、午前九時であった。罪状書きには、「ユダヤ人の王」と書いてあった。また、イエスと一緒に二人の強盗を、一人は右にもう一人は左に、十字架につけた。そこを通りかかった人々は、頭を振りながらイエスをののしって言った。「おやおや、神殿を打ち倒し、三日で建てる者、十字架から降りて自分を救ってみろ。」同じように、祭司長たちも律法学者たちと一緒になって、代わる代わるイエスを侮辱して言った。「他人は救ったのに、自分は救えない。メシア、イスラエルの王、今すぐ十字架から降りるがいい。それを見たら、信じてやろう。」一緒に十字架につけられた者たちも、イエスをののしった。

昼の十二時になると、全地は暗くなり、それが三時まで続いた。

受難日の今日、私たちに与えられているこの聖書の御言葉が告げているのは、イエス・キリストが神の子でいらっしゃるとは何を意味しているのかということです。

直前の一七―一九節を見てみると、イエスは兵士たちからひどい侮辱を受けておられます。「(兵士たちは)イエスに紫の服を着せ、茨の冠を編んでかぶらせ、『ユダヤ人の王、万歳』と言って敬礼し始めた」。それだけではありません。「また何度も、葦の棒で頭をたたき、唾を吐きかけ、ひざまずいて拝んだりした」。兵士たちは、イエスを辱め、何回も侮辱をし、暴行を加え、好きなようにあしらって、外に連れ出していきました。処刑地であるゴルゴタに連れて行くためです。イエスはそこで十字架にかけられます。

十字架にかけられる者は、自分でその十字架を運んで行かなくてはなりません。しかし、イエスはそれをすることがおできにはなりませんでした。代わって無理やり十字架を担がされたのが、キレネ人シモンという男です。田舎から出てきて、たまたまそこを通りかかっただけの男でした。この人に十字架を担がせて、イエスはゴルゴタに連れて行かれました。

そこに着くと、兵士たちは没薬を混ぜたぶどう酒をイエスに飲ませようとします。これは麻酔の効き目があるそうです。しかしイエスはそれをお受けにならず、そのまま、十字架にかけられました。イエスが着ておられた服は、兵士たちがクジを引いて分け合いました。午前九時のことです。十字架につけられたイエスの上には罪状書きが書かれていました。どんな悪いことをして十字架刑になったのかをさらすのです。ですから普通は「強盗」「殺人」などと書かれるのですが、イエスの罪状書きには「ユダヤ人の王」

と書かれていました。イエスを侮辱したのです。

　イエスの十字架の右と左には一本ずつ十字架が立てられ、そこにはそれぞれ強盗がかけられていました。そこを通りかかった人たちは、イエスをののしります。「おやおや、神殿を打ち倒し、三日で建てる者、十字架から降りて自分を救ってみろ」。このとき都は祭りで人がたくさんいましたから、きっと大勢の見物人がいたのだろうと思います。みんなが口々にイエスのことをののしりました。それだけではない。祭司長や律法学者たちも言います。「他人は救ったのに、自分は救えない。メシア、イスラエルの王、今すぐ十字架から降りるがいい。それを見たら、信じてやろう」。さらに、両脇で十字架につけられている者たちも見物人と一緒になってイエスのことをののしりました。周りにいた全員からののしられ、侮辱され、軽蔑されました。

　これが、イエスが神の子であるということです。私たちには、私たちなりに抱いている「キリスト像」、神の子に対するイメージのようなものがあります。それは神はこういうお方なのかなというイメージであるとともに、神がおられるなら私のことをこういうふうに救ってほしい、私たちをこんなふうに助けてほしいという願いでもあります。

イエスのことを取り囲んでいる人たちは口々に言いました。「自分のことを救ってみろ」「今すぐ十字架から降りてみろ」「これまで他人を救ってきたのだろう、自分のことも救ってみせろ」。

イエスというお方は、私たちの抱いている「キリスト像」からは外れています。実際のイエスのお姿は、私たちの持つ救い主のイメージ、神の子への期待を裏切ります。こんなふうに私を救ってほしい、助けてほしいという期待から遠く離れている。だからイエスは侮辱されました。イエスには、そうしようと思えば実際に自分だけ十字架から降りてみせることはできたでしょう。自分だけを救ってみせるということが、きっとおできになったのだろうと思います。しかし、そうはなさいませんでした。自分を救おうとはなさいませんでした。奇跡的な仕方で十字架から降りてみせて、周りにいる者たちに「さあ信じろ」とはおっしゃいませんでした。

イエスは無力になられました。無力になって十字架にかけられ、侮辱を甘んじて全部お受けになりました。あらゆる人々から捨てられるということを、甘んじて受け入れました。それは私たちの持っている神の子に対する期待とは違います。しかしイエスは弱くなられました。そうでないと私たちが救われないからです。

イエスが神の子でいらっしゃる、それは、侮辱され、無力で、皆に後ろ指をさされて笑い者にされ、世界中の全員から「お前は必要ない」「お前には存在する価値がない」「お前のような神はいらない」と、言って捨てられるということです。それがイエスが神の子だということの意味です。

侮辱をするためにわざわざ紫の王の服を着せて、茨の冠を編んでそれをかぶせて、「ユダヤ人の王、万歳」と言ってひざまずいて拝む。ただバカにするためだけにしたことです。わざわざ罪状書きに「ユダヤ人の王」と書いてみせる。ただイエスを辱めるためだけにしたことです。私たちは知らなかったのです。この方が本当に王でいらっしゃるということを。

ある人がこの箇所について言っていました。「実はこれはイエスの王としての即位式だ。イエスの王としての戴冠式だ」。それはおよそ誰かが王になるという姿とはほど遠いものです。王の即位式。それは最高の栄誉に包まれます。その日が特別な祝日になってしまうくらいに、その国の民がこぞってテレビに釘付けになって寿《ことほ》ぐくらいに。即位式、それは本来、最高の栄誉が向けられる式です。国民は旗を振って、「万歳」と叫ぶことでしょう。しかし、まことの王である方、イエス・キリストの即位式は侮辱の中で行われました。皆に笑いものにされながら王として即位なさいました。イエス・キリストは皆が口々に「ユダヤ人の王、万歳」とはやし立て、「メシア、イスラエルの王、今すぐ十字架から降りるがいい」と罵声を浴びせられながら王になられたのです。

詩編第六九編はキリストのお姿をそのまま描いているかのような詩編です。

神よ、わたしの愚かさは、よくご存じです。
罪過もあなたには隠れもないことです。
万軍の主、わたしの神よ
あなたに望みをおく人々が
わたしを恥としませんように。
イスラエルの神よ
あなたを求める人々が
わたしを屈辱としませんように。
わたしはあなたゆえに嘲られ
顔は屈辱に覆われています。
兄弟はわたしを失われた者とし

同じ母の子らはわたしを異邦人とします。（六―九節）

「人々がわたしを恥としませんように」「屈辱としませんように」と言っています。罪人と呼ばれるというのは、人々の恥になるということです。「こんな穀潰《ごくつぶ》しがいるから私たちは恥ずかしい」と言って捨てられる、それが罪人の立場です。罪人と呼ばれたときに何が起こるのか。「兄弟はわたしを失われた者とし　同じ母の子らはわたしを異邦人とします」。お前は必要ないから出ていけ、と言われるのです。捨てられる。コミュニティの恥として捨てられる。自分たちとは関係のない人間だと知らしめるために、かつての仲間が今や自分を辱める。それが罪人に対する世間の扱いです。キリストはそのような仕打ちを甘んじてお受けになりました。

キリストは、少し大胆な言い方かもしれませんけれども、罪人になって死なれたのです。キリストは罪人の一人に数えられた。私たちなどよりも徹底して、罪人の中の罪人になられたのです。キリストこそが真の罪人になられました。罪のない方が罪人になって、世間の恥として、捨てられた。これが私たちの王のお姿です。

三三節を見ると、「昼の十二時になると、全地は暗くなり、それが三時まで続いた」と書いてあります。私はこの受難日にこの御言葉を読み、これまで味わったことのない思いになりました。これまで味わったことがなかったほどに、この言葉が胸に迫っています。「全地は暗くなった」。

私たちも、二〇二〇年以来、目にも見えない小さなウイルスによって全地が暗くなるような経験をしています。どこに行ったら光が見えるのか。あるいは、いつになったら光が射してくるのか、見当もつかない。辛い時間です。一体何に向かってどうやって頑張ったらよいのか、私たちには分かりません。しかし、聖書を読んで気付くのは、もっと深く絶望すべき暗闇があるということです。どんな疫病よりももっと恐ろしい本当の暗闇は、私たちがまことの王を捨てたという事実です。全地は闇に覆われている。私たちはまことの王を捨てて、私たちの恥として十字架にかけました。私たちは神の子に向かって、「お前なんかいらない」「こんな神は必要ない」「こんな神では恥ずかしい」と言って十字架にかけて殺しました。この事実こそ、本当の闇です。

この「全地は暗くなった」という言葉は、旧約聖書のアモス書に出てくる言葉です。

その日が来ると、と主なる神は言われる。
わたしは真昼に太陽を沈ませ
白昼に大地を闇とする。
わたしはお前たちの祭りを悲しみに
喜びの歌をことごとく嘆きの歌に変え
どの腰にも粗布をまとわせ
どの頭の髪の毛もそり落とさせ
独り子を亡くしたような悲しみを与え
その最期を苦悩に満ちた日とする。
見よ、その日が来ればと
主なる神は言われる。
わたしは大地に飢えを送る。
それはパンに飢えることでもなく
水に渇くことでもなく
主の言葉を聞くことのできぬ飢えと渇きだ。（アモス書八章九―一一節）

カンバーランド長老キリスト教会　さがみ野教会　宮井岳彦

この預言者アモスという人は、私たちにたびたび襲ってくる苦難の本質は一体何なのかということを一言で突いています。それは、「主の言葉に聞くことのできぬ飢えと渇き」です。これは、私たちがそれを退けて聞こうとしないということであり、あるいは、聞こうとせず退けたために聞こえなくなってしまったということでもあるのでしょう。キリストを捨てたことの危機の真相を、聖書は明らかにしているのだと思います。私たちは福音の言葉を語るキリストの口を閉ざしたのです。

今日は受難日。受難週の聖なる金曜日です。この日、キリストは十字架にかけられました。この日、私たちの王は十字架にかけられました。この日、私たちがこの手で神の福音の言葉を葬りました。全地は暗くなったのです。

ところで、古代キリスト教会では、特にこの受難週の金曜日を含む数日間に行っていたことがあります。洗礼です。受難週は洗礼に向かう特別な最後の一週間でした。受難週までの期間では洗礼を志願する者たちに毎日手が置かれ、祈りつつ準備が進められていきます。そして、受難週の木曜日、洗礼志願者は体を洗い清める。受難日である金曜日には断食をする。土曜日には志願者たちが一堂に集められ、徹夜の祈りをする。そして、鶏の鳴くころ受洗者は水に入り、洗礼を授けられるのです。

キリストが十字架にかけられた金曜日。それは、私たちが深く罪を悔い改めるときです。私のこの手がキリストを十字架にかけたのです。私のこの口が、キリストを罵ったのです。暗闇の中に身を沈めるようにして自分の罪と向き合います。夜明けの光の中で水に沈められて罪深い私は死んでしまった。再び水の中から引き上げられたとき、私たちはキリストのいのちに与ったのです。

今日は聖なる金曜日。私たちの目を一心にキリストへ注ぎましょう。十字架にかけられたキリスト。紫の服を着せられ、茨の冠をかぶせられ、葦の棒で頭をたたかれ、唾を吐きかけられたキリスト。私たちの浴びせた罵詈雑言《ばりぞうごん》に反論せず、「ユダヤ人の王」とはやし立てられ、さらし者にされたお方。私たちは福音の言葉を告げるキリストを殺しました。

しかし、キリストは御言葉を語ることをやめません。十字架の言葉にじっと耳を傾けるとき、私たちは知るのです。虐げられ、苦しめられ、不法な裁きで命を奪われたこの方は、私たちの背きのために打たれているのだ、と。私たちの罪のために、この方が裁かれているのだ、と。

今日は聖なる金曜日。罪人の私がキリストと共に十字架にかけられて死にました。私たちは待ち望みます。祈りながら待ち望みます。キリストの復活を告げる朝を。私たちも新しくなる朝を。朝の光の中で私たちを水から引き上げるためにキリストは復活したのです。罪の中に死んでいる者に命を与えるために。

私たちの王がおいでになります。

祈り

主よ、憐れんでください。キリストを十字架にかけた私を。
キリストを罵り、殺した私を。主よ、憐れんでください。
今、どうか私にお見せください、十字架にかけられたままのキリストのお姿を。
私の罪と、それに倍するあなたの憐れみを、私にお見せください。

主イエス・キリストの御名によって。
アーメン。

【参考文献】
B・ボット『聖ヒッポリュトスの使徒伝承　B・ボットの批判版による初訳』土屋吉正訳、オリエンス宗教研究所、一九八三年

復活節
——イースターから昇天日へ

復活日　―イースター―

長すぎた聖金曜日

日本福音ルーテル教会　関野和寛

ヨハネによる福音書二〇章一―一八節

週の初めの日、朝早く、まだ暗いうちに、マグダラのマリアは墓に行った。そして、墓から石が取りのけてあるのを見た。そこで、シモン・ペトロのところへ、また、イエスが愛しておられたもう一人の弟子のところへ走って行って彼らに告げた。「主が墓から取り去られました。どこに置かれているのか、わたしたちには分かりません。」そこで、ペトロとそのもう一人の弟子は、外に出て墓へ行った。二人は一緒に走ったが、もう一人の弟子の方が、ペトロより速く走って、先に墓に着いた。身をかがめて中をのぞくと、亜麻布が置いてあった。しかし、彼は中には入らなかった。続いて、シモン・ペトロも着いた。彼は墓に入り、亜麻布が置いてあるのを見た。イエスの頭を包んでいた覆いは、亜麻布と同じ所には置いてなく、離れた所に丸めてあった。それから、先に墓に着いたもう一人の弟子も入って来て、見て、信じた。イエスは必ず死者の中から復活されることになっているという聖書の言葉を、二人はまだ理解していなかったのである。それから、この弟子たちは家に帰って行った。

マリアは墓の外に立って泣いていた。泣きながら身をかがめて墓の中を見ると、イエスの遺体の置いてあった所に、白い衣を着た二人の天使が見えた。一人は頭の方に、もう一人は足の方に座っていた。天使たちが、「婦人よ、なぜ泣いているのか」と言うと、マリアは言った。「わたしの主が取り去られました。どこに置かれているのか、わたしには分かりません。」こう言いながら後ろを振り向くと、イエスの立っておられるのが見えた。しかし、それがイエスだとは分からなかった。イエスは言われた。「婦人よ、なぜ泣いているのか。だれを捜しているのか。」マリアは、園丁だと思って言った。「あなたがあの方を運び去ったのでしたら、どこに置いたのか教えてください。わたしが、あの方を引き取ります。」イエスが、「マリア」と言われると、彼女は振り向いて、ヘブライ語で、「ラボニ」と言った。「先生」という意味である。イエスは言われた。「わたしにすがりつくのはよしなさい。まだ父のもとへ上っていないのだから。わたしの兄弟たちのところへ行って、こう言いなさい。『わたしの父であり、あなたがたの父である方、また、わたしの神であり、あなたがたの神である方のところへわたしは上る』と。」マグダラのマリアは弟子たちのところへ行って、「わたしは主を見ました」と告げ、また、主から言われたことを伝えた。

「イースターおめでとうございます！」。イースターの朝交わされるこの挨拶がわたしは大っ嫌いだ。「おめでとう！」と言われて「ありがとうございます！」と答えるのも変だし、わたしは何かを成し遂げたわけでもない。「おめでとう！」は復活したイエスに言ってほしいと思うが、しかし十字架で殺されて復活したイエスに「おめでとう！」というのはどこか白々しくこちら側が傍観者のように感じてしまう。

英語圏では〝Happy Easter!〟と挨拶が交わされるが、やはりキリスト教圏でイースターが定着している世界と、国民のほとんどがイースターの日の意味を知らない日本では、その言葉のへだたりはとても大きい。文化がない中では言葉もまた生まれない。

ある時、民放のラジオ曲からイースターについて話してほしいと依頼を受け、わたしは衝撃的なイースターの現実を突きつけられた。ディズニーランドやサーティワンアイスクリームなどがこぞってイースター商戦に乗っている中で、イースターの本当の意味を牧師に聞こうというのが趣旨だった。とは言え、言うことなど一言しかない。「イースターはですね、十字架で殺されてしまったイエス・キリストが三日後に墓から復活したことを祝う、キリスト教で最も大事なお祭りなのですよ」。以上だ。

だが次の瞬間ラジオのパーソナリティーが信じられないような質問をしてきた。「なるほど～。イースターがキリストの復活を祝う日ということは、クリスマスはキリストが死んだ日なのですか？」。

「アホかお前⁉」と張り倒したくなったが公共電波の手前、得意の偽善的牧会配慮で、「いえいえ～！　クリスマスはキリストが生まれたことを記念する日なんですよ～！」と優しくマイクに語りかけ収録は終わった。

クリスチャンからすれば「信じられない」と思うであろう。だがこれが現実なのだ。そしてこれは世間が無知なだけではない。キリスト教界の責任であり、クリスチャンや牧師がイースターをきちんと社会に伝えてこなかったからである。

神の子が十字架で殺され、そしてその後、洞窟式の墓に埋葬され、墓石でフタさえされていた。さらに三日も時が過ぎて肉体は腐敗しウジがわくような状況。だがそこからイエスが復活したのだ。信じられるわけがない。十二弟子もマリアも誰も信じられなかったものをわたしたちは信じたことにしてしまっている。

イエスの真横にいた人々でさえ信じられず、そこから逃げ出したにもかかわらず、わたしたちはイースター、年度のはじめに着飾って十字架の前に集まり、「イースターおめでとうございます！」と声を掛け合う。あなたは何を祝っているのか？　孫の進級か、息子の就職ではないか？　そればかりかクリスマスとイースターにしか来ない「クリスター」たちを前に「久しぶり！」「良く来たね！」「変わらないね～！」「大きくなったね～」と謎の同窓会さえはじまる始末。十字架の血だらけのイエス、そして復活してもなお弟子たちに去られてしまうイエスは教会の中でも、いや教会の中でこそ置き去りにされているのだ。

世間がイースターを知らないのではない。キリスト教会がまだ復活のイエスと出会っていない聖金曜日のままなのだ。いや「イエスと出会う」という言葉さえ既に胡散臭い宗教的な響きしかしないし、昭和の内輪向け教会お得意のフレーズそのままだ。だが、そうではなくてイエスが復活したなどということを率直に疑い、疑い続けるその先にやってくるのがイースターではないだろうか。言葉になどなろうはずがない。

イエスは生前に何度も「わたしは十字架にかけられ処刑され、そして三日後によみがえる」ということをさまざまな言葉で弟子たちに伝えてきた。けれども誰もそんなこと、理解はしなかった。神の子、救い主メシアが十字架で処刑されるということ自体があり得ないことであり、その先に復活があるなど人間の理性を超えたストーリーだったのである。イースターはこの信じられないストーリーを信じられないままで、信じきれないままで祝うものだとわたしは思っている。

世界で最初のイースターの朝、誰もイエスの復活など信じられなかった。墓参りに来ていたマリアは大きな喪失感の中にいた。そしてその喪失の傷をさらにえぐるような事件が起きたのだ。

「イエスの墓が荒らされている!」。この事態をマリアはペトロともう一人の弟子に急いで伝えに行く。イエスが逮捕された夜にペトロは一目散に走って逃げた。イエスが逮捕され自分も捕まると思ったのだろう。そしてその恐怖と自分が見捨てたイエスの死が、墓石よりも大きな鉛のような罪責感となって、それに押し潰されそうで眠れない夜を過ごしていたのだろう。

そんな朝に飛び込んできた「イエスの遺体持ち去り事件」。衝動的なペトロは一目散に墓に向かって走っていく。辿り着くと墓の石は取りのけられてイエスが包まれていた布だけが置かれている。ペトロともう一人の弟子は墓の中に入りその様子を見て「信じた」と聖書は記すが、それはイエスの復活を信じたのではなくて、マリアの報告、イエスの遺体が持ち去られたことを信じたのだ。

そしてペトロたちは家に帰っていく。特段そこで何かを言ったとかマリアを慰めたなどの記述はない。ただただ言葉なく家に帰っていく弟子たちの姿だけがそこにはあるのだ。


あれだけイエスの一番近くでこの日に起こるべき「復活」を教えられてきた。だがそのような起こるべくもないことを思い出したりはできないのだ。これが現実の人の姿であろう。そしてあなたはどうだろうか。イースターの朝に教会に行くあなたは「イエスが復活した！」と確信を持って礼拝に参加しているのだろうか。

弟子たちでさえこれほどまでに信じられなかった状況。二千年の時が経過しているが故に自分の現実とは関係のない信仰のおとぎ話にしてはいないだろうか。イースターはそんなに簡単なものではない。わたしは一五年牧師をしているが人がよみがえった姿を見たことは一度もない。毎週、使徒信条と言われる信仰告白で、「死人の復活と来るべき世の命を信ず」と唱えている。だが死者が立ち上がるどころか、病者が劇的に癒やされた姿さえも見たことがない。それを死後の、来世の出来事に先送りして今を生きているのだ。

だとしたらわたしはキリスト教信者でなくてもよい。死後の天国を教え、そこを目指すことなど今の社会は求めてはいないし、わたし自身も興味はない。としたらわたしにとってイースター、イエスの復活とは何なのだろうか。

最初のイースター、マリアは度重なる不安と混乱の中にいた。イエスが殺され、そしてその遺体さえ取り去られてしまった。突如起きた事件にイエスの弟子だったペトロたちを呼びに行くも彼らはイエスの墓が空であることを見るや否やマリアを墓に残して家に帰ってしまうのだ。

マリアはまたしてもいや今度こそ完全なる孤独と絶望の中に取り残されてしまうのだ。ただ泣くことしかできないマリアが墓の中をのぞき込むと二人の天使がいるのを発見する。相次ぐ超常現象。しかし、イエスが安置されたところに天使が立っていようとも、イエスが復活すると言っていたことなど思い出せないし、ましてや信じられない。

天使たちに、「わたしの主が取り去られました……」と嘆きマリアは後ろを振り返る。するとなんとそこにはイエス本人がいるではないか。だがマリアはそれがイエスだとは分からず園丁だと思い、「あなたがあの方の遺体を運び去ったのでしたら、どこに置いたのか教えてください。わたしが引き取ります！」と申し出る。目の前にイエスがいるのに、本人にイエスの遺体を引き取ると申し出ているのだ！

物理的にイエスが認識できないのではない。人は見たことがない状況、絶対に起こり得ない現象を前にそれを認識できないのだ。死後数日経った者が復活した姿を見た者はこの世界にはひとりもいない。信じられるわけがないのだ。


だがそれが、二千年前の外国の出来事だからこそ、わたしたちはイースターの物語を、神の子のイエスのおとぎばなしとして、簡単に信じたことにしてしまっているのではないか。そして仮にわたしがイエスの復活を信じていたとしても、それがわたしたちが生きる今日の世界においてどのような意味を持つのか、わたしには説明することができない。

イエスの復活を人間の理性で信じることはできないし、その復活の意味を言葉にすることも本当はできないのだ。そのような中で聖書に書いていない天国、お花畑のような楽園で死後、永遠に生きるのだと説明すればするほどに時代遅れかつ何の影響力もない戯言にしか聞こえない。だからこそイースターは春の卵祭りと化し、クリスマスはキリストの死んだ日になってしまうのだ。

だがわたしたちはおとぎ話や戯言を信じるためにイースターを過ごすのではない。そうではなくありのままに疑い、そして無理やりイースターを言葉にしないことが鍵なのではないか。神も死も肉眼では見ることはできない。見えないものだからこそ信じたふりなどせず、疑いながら無理に言葉にせずに生きることが大切なのではないかと思っている。

人は目に見えない死の取り扱い方とそこにかける言葉をまだ知らないのだ。若くしてパートナーを失った経験を持つグリーフ（喪失）研究家がそのヒントをわたしにくれた。彼女によると死別を経験している遺族に対して最悪な励ましの言葉は「がんばって」とか「乗り越えて」であると言う。死など乗り越えられるわけがないし、がんばれるわけがないのだ。

結婚相手を亡くしたある女性は毎週のように夫の墓に通うことが習慣になっていた。

悲しみのあまり墓に椅子を持ち込みそこで座って一日を過ごすようになった。だが過去を引きずり続ける彼女を案じた友人は、「前に進むためにお墓に行くのはやめなよ！」と伝えた。

スキーの事故で弟を亡くした兄は、悲しみを乗り越えられず教会に行くたびに神父さんに弟の話をし続けていた。だが前に進めない兄を見かねて神父さんは、「もう弟さんの話をするのはやめなさい」と伝えたのだ。それぞれ相手を思いやり、死別を乗り越えてほしくて伝えた最善の励ましの言葉だった。けれどもそれらは最善に聴こえる最悪の言葉だったのだ。

夫を亡くした彼女は墓に座りに行くことをやめなかった。ただ親友に自分の悲しみを伝えることを彼女は一切やめた。「弟の話をするな」と神父さんに助言された兄は教会で一切弟の話をすることはなくなった。何故なら彼は教会に行く事をやめたからだ。死別を乗り越えさせようと親切で語られる「乗り越えて！」という言葉は、すなわち愛する人を愛するのをやめろと言っていることと同じなのである。

そしてこれは彼らのせいではなくてわたしたちが死というものを勝手に恐ろしい怪物のようにしたて、人生の最後の日々まで見ないようにしてきた結果でもある。だから死に対する取り扱い方も、また死別で悲しむ者にかける言葉もわたしたちは知らないのだ。

そして死との格闘を無視して年に一度だけ教会でイースターを祝おうとするから、「イースターおめでとうございます！」という何の命も宿していない言葉が交わされているのではないだろうか。

キリスト教会はイエスが死んだ聖金曜日の夜で止まっている。イエスが逮捕され逃げ出した聖金曜日から弟子たちは信じる心を失ったままだ。三日後のイースターの朝、イエスの空の墓を見ても復活の事など信じられないし、思い出しもしないのだ。死という怪物に襲われたまま失望や罪責感を心に打ち込まれ、弟子たちは家に帰っていくのだ。そしてどうしようもできないマリアは墓の前で泣いている。死別を経験し、取り戻せない後悔に支配され続けているわたしたちの姿がここにある。大切な人を亡くし墓の前で悲しみに押し潰されているマリアの姿はあなたの姿だ。

けれどもわたしたちは死に怯えるために生まれ、死別に押し潰されるために生きているのではない。

先の夫の墓場に毎週椅子を持って通う妻に何と声をかけたらいいか。「今度わたしも一緒に行かせて。わたしも椅子を持っていくから」。そう言ってはだめだろうか？　スキー事故で亡くなってしまった弟への想いを乗り越えさえようと、「もう弟の話をするな」と言うのではなくて、「もっと君の弟さんの話を聞かせてよ！」と言ってはどうだろうか。何故ならその人への愛は消えるものではないのだからと先の専門家は語る。

少なくともイエスならそう言うだろう。イエスを忘れエマオに向かった弟子たちにさりげなく寄り添ったイエスならそうするだろう。墓の前で泣いているマリアに、「なぜ泣いているのか？」「わたしは生きているのだから」と言ったイエスならそう言うであろう。

イエスがどう復活したのか、十字架でボロボロにされたその肉体がどうよみがえったのかはわたしには到底分からない。でもただ一つ言えること、それはイエスの愛は死をもってしても終わることはなかったし、十字架でも破壊することができなかったのだ。死は生の終着点ではない。消えることのない〝愛が完成する瞬間〟なのだ。

イエスの復活、それは人々が歴史を通して直視を恐れ遠ざけていた死という怪物を打ち倒した日なのだ。そして死を前にきれいに生きられない人々をイエスがそれでも迎えにいく日なのだ。だからこそマリアは逃げたままの弟子たちを追いかけていく。そしてそれでもまだ信じられない弟子たちをイエスはさらに追いかけていくのだ。

これが神と人の姿だ。弱いわたしたちだ。死が怖くてたまらない。死別など乗り越えられない。だから死から逃げたままで構わない。死を前にきれいに生きられなくて構わない。大切な人を守れなかった後悔があっても構わない。神をそしてイエスの復活を信じられなくて当たり前。けれどもそれらの死の力、わたしたちに襲い掛かる死の陰はイエスがすべて打ち倒したし、これからも打ち倒していくのだ！　そしてそのイエスが人生の最後の日までわたしたちを追いかけてくるのだ！

だから安心して疑ったままで構わない。信じ切れずに逃げ続けても構わない。人生の最後まで。それでもイエスは愛をもって今日もあなたを追いかけてくるのだ。それがイエスと生きるという事ではないか。

この気持ちを何と伝えれば良いか？　まあとりあえず、「イースターおめでとう～」。でもやっぱり違う。

復活節第二主日

肉もがれる逸脱の息——シャローム

マイノリティ宣教センター　渡邊さゆり

ヨハネによる福音書二〇章一九—三一節

その日、すなわち週の初めの日の夕方、弟子たちはユダヤ人を恐れて、自分たちのいる家の戸に鍵をかけていた。そこへ、イエスが来て真ん中に立ち、「あなたがたに平和があるように」と言われた。そう言って、手とわき腹とをお見せになった。弟子たちは、主を見て喜んだ。イエスは重ねて言われた。「あなたがたに平和があるように。父がわたしをお遣わしになったように、わたしもあなたがたを遣わす。」そう言ってから、彼らに息を吹きかけて言われた。「聖霊を受けなさい。だれの罪でも、あなたがたが赦せば、その罪は赦される。だれの罪でも、あなたがたが赦さなければ、赦されないまま残る。」

十二人の一人でディディモと呼ばれるトマスは、イエスが来られたとき、彼らと一緒にいなかった。そこで、ほかの弟子たちが、「わたしたちは主を見た」と言うと、トマスは言った。「あの方の手に釘の跡を見、この指を釘跡に入れてみなければ、また、この手をそのわき腹に入れてみなければ、わたしは決して信じない。」さて八日の後、弟子たちはまた家の中におり、トマスも一緒にいた。戸にはみな鍵がかけてあったのに、イエスが来て真ん中に立ち、「あなたがたに平和があるように」と言われた。それから、トマスに言われた。「あなたの指をここに当てて、わたしの手を見なさい。また、あなたの手を伸ばし、わたしのわき腹に入れなさい。信じない者ではなく、信じる者になりなさい。」トマスは答えて、「わたしの主、わたしの神よ」と言った。イエスはトマスに言われた。「わたしを見たから信じたのか。見ないのに信じる人は、幸いである。」このほかにも、イエスは弟子たちの前で、多くのしるしをなさったが、それはこの書物に書かれていない。これらのことが書かれたのは、あなたがたが、イエスは神の子メシアであると信じるためであり、また、信じてイエスの名により命を受けるためである。

それは危険なことばでした。マグダラのマリアは「わたしは主を見ました」（ヨハネ二〇章一一節－一八節）と言います。当時、男が女のことばを信じ、行動するのは恥（ともすれば罪）とすら思われていたそうです。男弟子たちは、この危険なことばに耳を貸す必要はないのです。イエスはもういないのですから。イスラエルの伝統に従ったユダヤ人男性らしい振る舞いを、逸脱しなくてもよいのです。家の中にいれば、マリアの証言に関わらなくてよいし、過去を暴きだすユダヤ人からの攻撃も避けられるのです。彼らにとってこの家はある意味で平和です。しかし、これでいいのでしょうか。

イエスは多くの女たちに関わりました。病や、しょうがいを生きる人びとと接触し、悪霊と称されるものとやりとりをしました。これらは、社会的に男性の行動としてはふさわしくない逸脱した行動と思われていましたし、男弟子たちもこの逸脱に同行していました。イエスが殺された今、彼らだけで、この逸脱を続けることはできません。そんなことをすれば、自分たちまで十字架にかけられ、殺されるのですから。彼らは逸脱を恐れていたのです。

人と異なる生き方、行動をとると、村や町を追い出され、食べるものにも困るようになることがあるかもしれません。本当に、しんどいことだと思います。学校で、会社で、町で、教会で、教派で、間違いをおかした者を懲らしめることが、正義と考えられてはいないでしょうか。不義を摘発し、懲罰を加える監視システムがないと、秩序が乱されるとばかりに、間違い探しと追い出しが横行してはいないでしょうか。なぜ、イエスは、正義の見張り番の取り締まりに屈せず、男性的振る舞いではない、逸脱を生きたのでしょうか。

イエスの不屈の逸脱の要因を知るために、イエスが何を見、聴き、触れてきたのかを思い出したいと思います。イエスは家畜たちが休む場所でマリアから生まれました。家族、兄弟姉妹ではなく、見ず知らずの羊飼いや、外国人たちが誕生を祝いました。イエスは、家の維持のために働く息子にはならず、家を出て行きました。ガリラヤの人びとの日々の暮らしの深層に隠された悲嘆に触れることによって、「これはおかしくない？」という思いをイエスは抱かされたのです。人びとの貧しさ、息苦しさを、イエスは見せられていきました。放置される病者、死者を葬る人、食べることができなくなった人びと、人目を避けて水を汲《く》む女、石打ちにされる女に、イエスはであわされました。外へ放り出された人びとの悲哀に、イエスの心は激しく揺さぶられたのではないでしょうか。

「どうして、神はここで呻《うめ》いている人の声を聴かれないのか！」と、イエスは熱情を噴出させたと思います。イエスのパッションは、政治、宗教的指導者を痛烈に批判し、民衆からも排された預言者の視点と重なっていきます。

預言者らは、口を封じようとする王国社会の強い圧力の下でも、語り続けました。預言者らは不屈で、しぶとく、そして無様《ぶざま》でした。その預言者らの動機は、あの時、神は声を聴かれ、民は解放されたという経験の記憶からくる確信でした。イエスは、過去と接続し、神への確信と希望を語った預言者的伝統に深く根ざし、家に留まることなく、外へ出て活動しました。逸脱したのです。その逸脱に伴う恐れは、イエスにはありませんでした。イエスが超人だから恐れがないのではありません。イエスにあるのは、堅固な「信」ではないでしょうか。イエスの逸脱の土台は、神がエジプトから民を解放したという過去の伝承と、捕囚は神による歴史的介入であると語った預言者の伝統です。預言者たちが、徹底的に抵抗的なことばを告げたのはなぜでしょうか。それは、神は覇者や富者を擁護せず、マイノリティとされる家の外を放浪する寄留者を憐れむという神理解によるものでした。イエスも、「マイノリティ」への偏愛を示し、神の憐れみに信頼し、逸脱の道を進んで行ったのです。ここでいう偏愛は、神がマイノリティの立場に置かれた者しか愛さないということではありません。神の愛と憐みは強者からの圧迫に苦しむ者へ特別に注がれるということです。初子が優遇される当時の社会で、弟妹が重んじられる箇所があります（創世記四章一－一六節、二五章一九－二八章二二節、二九章一六節－三〇節……この箇所では姉妹が逆転しヤコブから見放されるレアが神から愛されます）。このように、聖書にはマイノリティとされた者たちへの神の偏愛を見出すことができます。

神の憐れみとは、いのちを生み出す女の肉がちぎれるような悶《もだ》えです。イエスは、神が、肉をもがれ悶えるように、自らの肉がひきちぎられる逸脱を生きたのです。

イエスが生きた時代に、男たちが女たちと共に活動する共同体にいることは、社会の秩序を乱す、反社会的なことと見なされ得るものでした。女たちもイエスに従い、セクシュアリティによって制限されることなく大胆に働いたであろう場にいる彼らは、「女の腐った者のよう」「女みたい」と、あざけりの対象とされたかもしれないと想像しています。けれども、そのような社会からの眼差しよりも、弟子たちはイエスに従うことに意味を見出して十字架の直前まで共に歩んできました。しかし、十字架を目前に彼らが逃げた姿からは、逸脱者であるイエスが背負わされた十字架死の恐怖が、彼らの心と身体を縛っていたことがわかります。それほどに、社会的規範から受ける圧は重かったのでしょう。だから、男たちは家の戸に鍵をかけていたのです。「鍵をかけて」は、「遮断されていた」「完全に閉じられていた」の意訳です。神の憐れみの実践を貫き通せなかったという敗北感と、どうすれば元通りになれるか、という重苦しい思索の中、彼らは家の戸を、つまりイエスの逸脱との通用口を、閉めきっていたのではないでしょうか。かつては、共に歩んでいきたいと望んでいたのに、逸脱しきれなかったことを悔いたか、もしくは逸脱した過去を誰にも知られたくないと思っていたかもしれません。

わたしたちは、逸脱行為をしたとして、あげつらわれ、追い出され、いのちを自ら絶たねばならないほどの苦しみを担わされる人びとが、すぐそばにいるのに気付いているのではないでしょうか。苦しむ人びとに同情を寄せ、攻撃した人を批判しても、結局は、自分は逸脱者と見なされぬように、家の内側から観察しているだけではないでしょうか。孤絶された逸脱者のために、本気で怒り、泣き、神の憐れみの実践、肉もがれる逸脱を行うことができるでしょうか。家の中の男たちは、わたしたち自身が、イエスへの信従を断念し、過去を消し、社会に馴染む生活をしたいと願う、自己保身に翻る姿を映し出しているとも言えます。

マリアは墓のそばに立ち、泣き、そして証言を始めました。しかし、男たちは、そんな悼み方をするわけにはいきません。女たちのようであってはならないと、自らを律したのです。わたしは、この家の中の男たちと、墓のそばから出発した女のコントラストを読み取ります。外は危険です。イエスが復活したと証言してまわるなど、逸脱もいいところです。家の内と外、安全と危険の対比に重い意味が込められています。

かつてユダヤの人びとは、遊牧、旅、放浪、寄留者として外を巡り歩く民でした。富の蓄積をせず、常に支援を受ける「居候の民」として生き残ってきました。彼女ら、彼らは、家の外で生きる民でした。その居候の民を、神は肉をもがれる逸脱、憐れみで同伴し続けてきたと、ユダヤの人びとの間で理解されてきました。しかし、彼らは、王国を志向し、定置された神殿で礼拝するように変転していきました。家を建て上げ、扉を閉ざし、数が多くて強い男たちの国を目指したのです。富を所有し、人を資材化し、覇者とその他に分断する、家の中というシステムを持ち、（男性中心的、父権制の）秩序を保つように変わり果てました。

イエスの十字架死の後、男弟子たちは再び、この家に組み込まれたのです。わたしたちも、「今のシステムの中でいい。わたし（だけ）の幸せをつかめればそれでいい」と思わされていないでしょうか。家の外で起きていることは、知らないか、知らないふりのままにしているのではないでしょうか。このままでよいのでしょうか。これで、わたしたちは生きていると言えるのでしょうか。

家の中で男たちはどのような息を吐いていたでしょうか。家の周りにローマ兵がいるかも、食事はどうするか、ユダヤ教の祈りの時間に祈るか、祭りの日はどうすればいいか、俺たちが生き残るには、俺たちは、俺たちは……。

普通のユダヤ人男性に戻りたい彼らには、神の憐れみの実践は危険な逸脱と思えたのではないでしょうか。他者を愛すること、人に仕えることは、無駄で、損なことです。戦争と、税金と、強制的な労働に、黙って従ってさえいれば、十字架につけられるようなことはありません。自分に付与されている領域を超えてはならず、社会的に付与された役割に疑問を抱いてもなりません。異質なものとつながるような逸脱では生きられないのです。徹底的な同調圧力が、覇者の家の中を支配していました。イエスが殺された世です。わたしたちが生きている現実の社会です。

イエスはその覇者の家に突入し、真ん中に立ちました。

「あなたが生活の真ん中に据えているものは何？　ローマ皇帝？　お金？　ご主人？　会社の社長？　父親？　先生？　それとも、自分？　そんなものを真ん中にしているの？　あなたの真ん中は何なの？」。

遮断された家の中にいるわたしたちに、復活のイエスが突入してきた事件は、このような問いを投げかけていると思います。

真ん中に立ったのは、輝かしい経歴を持ち、威厳に満ちた、光り輝くヒーローではなく、血が噴き出た傷を晒すイエスでした。この時に、イエスが見せた傷は、イエスが、であった人びとが負ってきた傷です。逸脱への制裁の痕跡です。覇者の家から放り出された者たちが、世界の端っこで負わされた絶望、その傷を心と身体に負ったイエスが、男弟子たちの真ん中に立ちました。

その生々しい傷を目にした男たちは、思い起こしたのではないでしょうか。三日前までイエスに従おうとしてきたこと。そして、そのイエスの身体が傷つけられたこと。それを自分たちが放り出してしまったことを。彼らは、扉を閉ざし、傷つけられたイエスの身体との関係を切りたいと願っていたのに、今、傷ついたイエスから接触を迫られています。彼らは凍てついたかもしれません。「償いをしなければ！」「報復される！」と身構えたかもしれません。

そんな男たちを一方的にイエスは赦してくれる、というストーリーが、この聖書のことばから取り上げられることが多いようです。しかし、わたしは、その読み方には懐疑的です。そのストーリーが、イエスを英雄（ヒーロー）のように描き、神の憐れみの実践とは程遠い、救い主像を造ってきてしまったと思うからです。わたしは、イエスは、既知のヒーローには置き換えられないと思います。

わたしたちが注目すべきことは、イエスが傷つけられた身体を見せているということです。この傷は一体、何の、誰の、いつの傷なのでしょうか？　現実社会の中で噴出している人間の血潮、生き物の肉片、大地の苦悶《くもん》、そして、声にもならぬ雑音に震撼《しんかん》させられた神の憐れみ（肉がもがれる）の傷ではないでしょうか。

人手不足を解消するため、外国人労働者への門戸が開かれました。過酷な労働といじめでボロボロに使い倒され、不況時には「あなたたちは要りません」と最初に言われる人びとの身体が、真ん中に置かれていることをこの物語は表しているよう思えてなりません。存在、尊厳を引き抜かれ、人格が否定されるようなヘイトスピーチが、在日の方がたに浴びせかけられています。その時に、引き裂かれる心の深い傷が、真ん中に置かれたましした。働かなければ子どもを育てられないと叫びながら、一日に三カ所のパートへ出かける女たちの身体。肌の色、国籍、生まれた場所で徹底的に差別され、窒息させられる身体、深く、壮絶な傷を受け続ける身体が、弟子たちの部屋の真ん中に現れたのです。

このような、イエスの傷ついた身体と重なる、わたしたちの目前にあるいくつもの傷ついた身体が真ん中にされるのは、加害の責任を問い、彼らの心の中に罪悪感を植え付けるためではありません。雇用者や主人が、損失や、負債を問うのと同じではないのです。これらの傷ついた身体から、ことばが発せられるのです。イエスは、こう言いました。「あなたがたへ、平和（シャローム）」（一九節……私訳、直訳）。この「シャローム」が、イエスから発せられた時、弟子たちの魂が、呼び覚まされたと、わたしは思います。一方的に無罪放免する、気前の良い主人は、過失を見逃してはその恩で彼らを縛ります。それは、恩義と忠誠の権威主義的な「男性同盟的」リーダーシップといえます。そのようなリーダーシップとは対照的に、傷つけられた身体のリーダーシップは、懲罰や恩赦をあやつる権威的覇者のものとは全く異なります。貫き刺された傷口から、ねじり出される「あなたがたへ、平和」という痛みからくるリーダーシップのことばは、家の中にはびこる恐れの鎖から、わたしたちを解放します。

　この「シャローム」は、ローマ皇帝が多くの民に保障してきた上からの平和とは異なるものです。平和の外側に置かれた傷ついた身体からの平和の呼びかけだけが、弟子たちの恐れを解くことができます。なんという希望かと思います。傷ついた身体からの「シャローム」が、わたしたちを再び、神の憐れみの実践へと送り出すのです。

　傷つけられた身体の中に、男たちは、見捨てて逃げた自分の加害者性と、自分たちもこのように傷つけられていたという被害者性の両方を見せられたのではないかと思うのです。

　傷つけること、傷つけられることの両方が自分に迫ってくるのが復活の出来事です。傷つけられたものが真ん中に置かれる時、わたしたちは「責められる」「負い目」の恐怖のために、家に戻りたくなります。しかし、「シャローム」ということばは、同時に自分が傷つけられた時の記憶も呼び覚まします。逸脱者に触れられ、愛され、支援され、生かされてきた記憶もよみがえるのです。そして、傷つき、傷つけている自己を発見し、癒やされ、癒やす者として家の外へと押し出されるのではないでしょうか。

一八章四－八節に、イエスが逮捕された記事があります。イエスは、その時、二度同じことを言っています。「だれを捜しているのか――わたしである」。男たちはかつて、「わたしはイエスとは関係がない」と、イエスを見捨てて逃げました。男たちは誰も「わたしもイエスの仲間です」「Me Too」とは言いませんでした。Me Too は若い黒人女性たちの支援団体が二〇〇六年ごろから、家庭での性虐待を受ける女性たちの支援を呼びかけるために使われ始めた言葉です。特に女性たちへの暴力に抵抗し、加害を告発し、被害者を独りにしないという意見表明の言葉として、使われ続けてきました。日本では二〇一七年以降、フリージャーナリストが受けた性被害告発に対する二次加害に対し、被害者への連帯と封じられてきた被害事実を明らかにする運動として広がっているものです。

イエスが逮捕された時、「わたしも」という人はおらず、イエスひとりだけが、十字架につけられたのです。マジョリティ側へと男たちは身を転じたのです。イエスは、逮捕時の孤独な二度の「わたしである」に重ねるように、「平和」「平和」と繰り返し、男たちに言いました。

平和とは、「わたしもです」と発言することだと、このイエスのことばから教えられます。誰かひとりだけが犠牲となって付与されることを平和と呼ぶのではなく、復活に平和の知らせを見出したいと思います。「わたしもです」という言葉を発するのは、とても怖く、勇気が要ります。弱くされた人がそのことばを発するとき、少なくとも「わたしも」であって「わたしだけではない」という複数性が、その恐れを取り去ってくれます。どちらか一方だけが追い出され、得られるのは、平和ではありません。「わたしもです」「Me Too」という、肉もがれる仲間と共に、傷ついた身体に、加害と被害の両方の記憶からつながり直すが、平和ではないでしょうか。誰かが独りにされ、いじめられ、それで大勢が助かることを平和とすり替えてしまうわたしたちに、イエスの息、ことばは吹き付けるのです。

わたしは、沖縄に置かれ続ける軍事基地に反対をして、ささやかな活動を続けています。「あんた、沖縄と何の関係があるの?」「そんなことしても意味ない」と非難されたりもします。わたしは、平和は「傷つけの当事者は、わたしでもあるということ」だと、この聖書の箇所から学び、逸脱の孤絶感から、解放されてきました。傷つけられた身体、いや、わたしが傷つけた身体に、自分の一番痛いところで再接触すると、この傷は「わたしがつけたもの」「わたしが受けたもの」という思いが堅くされ、平和を実現する働きへと促されます。このように、閉じこもっていた家の壁は、「わたしも」という仲間たちの声で少しずつ壊されていくのではないでしょうか。今まで外に放り出していた、傷ついた身体を真ん中に見た時、狭い家の扉は開かれ、広い家に、いや、もはや「家」ではなく、果てしなく広がり続ける一枚の布のような「スペース」（「神の国」とも呼ばれる広場に）になるのです。そこに、わたしたちも、息づける場所を持つことができるのではないでしょうか。これがイエスの復活、平和だとわたしは受け止めています。

ユダヤの民が保存してきた人間の創造についての伝承に、「土の塵（アダマ）で人（アダム）を形づくり、その鼻に命の息を吹き入れられた。人はこうして生きる者となった」（創世記二章七節）とあります。男弟子たちが、傷つけられた身体と、であい直しをする話は、この伝承に呼応しているとわたしは考えています。

保育の現場でのことです。園児曰く「土で人はつくられへんなあ」。泥団子は、友だちが触ってしまい壊れたり、わたしが踏んでしまい「さゆり先生が壊した」といつまでも根に持たれる……それが土の塊です。こんなささやかな経験から、人が土の塵で形づくられたことの意味を考え直させられます。人は容易《たやす》く傷つき、壊れます。壊されない方法はあるでしょうか。妨げになる他の造り手をすべて倒し、自分ただひとりの造り手が生き残ること。大量に造り、いくつか壊れても惜しまなくてよいように一つ一つに思い入れを持たないこと。誰にも壊されないように隠すこと……。現代社会の人間の扱われ方そのままです。

「命の息を吹き入れられた」（創世紀二章七節）と、「彼らに息を吹きかけて言われた『聖霊を受けなさい』」（ヨハネ二〇章二二節）の二つのことばは、優しく結ばれています。みなさんは、自分の息を自分に吹きかけられますか？　自分が吐く息を、自分の鼻に吹き入れることはできません。イエスは「聖霊を受けてください」と言いました。これは、あなたは、あなた以外のもうひとりから聖霊を（息を）受けてくださいという意味です。イエスを、人びとに賠償を請求する神として崇めていたのでは、誰も真に生きることはできません。傷つけられた身体が、男たちの面前に晒《さら》されました。その身体からにじみ出てくる加害性と被害性の記憶、「あなたがたへ、平和」という息が、わたしたちを狭い家から外へと送り出します。今度は、「わたしもです（Me Too）」と、言えないか、そんな希望が湧いてくるのです。言おうではありませんか。あなたはひとりではない、わたしもです、と。

覇者たちの、恐怖に覆われた狭い家は打ち破られました。恐れの狭い家から出発しましょう。

あなたがたへ、平和。

【参考文献】

E・シュッスラー・フィオレンツァ著『彼女を記念して―フェミニスト神学によるキリスト教起源の再構築―』山口里子訳、日本キリスト教団出版局、一九九〇年、第八章を参照

Yee, G.A., "Poor Banished Children of Eve, Woman as Evil in the Hebrew Bible", Fortress, 2003. 恥の議論については特に、'Honor and shame value system', 'The Social Sciences and the Biblical Woman as Evil' を参照

Bal, M., tr.by Gumert. M., "Murder and Difference, Gender, Genre, and Scholarship on Sisera's Death" Indiana University Press, 1992. 恥の議論については特に 'The Gender Code' を参照

「男性同盟」についてはトーマス・キューネ編『男の歴史　市民社会と〈男らしさ〉の神話』星乃治彦訳、柏書房、一九九三年、第7章を参照

復活節第三主日

今日も生きておられるイエスと共に

東京フリー・メソジスト教団　南大沢チャペル　飯田　岳

ヨハネによる福音書二一章一―一四節

その後、イエスはティベリアス湖畔で、また弟子たちに御自身を現された。その次第はこうである。シモン・ペトロ、ディディモと呼ばれるトマス、ガリラヤのカナ出身のナタナエル、ゼベダイの子たち、それに、ほかの二人の弟子が一緒にいた。シモン・ペトロが、「わたしは漁に行く」と言うと、彼らは、「わたしたちも一緒に行こう」と言った。彼らは出て行って、舟に乗り込んだ。しかし、その夜は何もとれなかった。既に夜が明けたころ、イエスが岸に立っておられた。だが、弟子たちは、それがイエスだとは分からなかった。イエスが、「子たちよ、何か食べる物があるか」と言われると、彼らは、「ありません」と答えた。イエスは言われた。「舟の右側に網を打ちなさい。そうすればとれるはずだ。」そこで、網を打ってみると、魚があまり多くて、もはや網を引き上げることができなかった。イエスの愛しておられたあの弟子がペトロに、「主だ」と言った。シモン・ペトロは「主だ」と聞くと、裸同然だったので、上着をまとって湖に飛び込んだ。ほかの弟子たちは魚のかかった網を引いて、舟で戻って来た。陸から二百ペキスばかりしか離れていなかったのである。さて、陸に上がってみると、炭火がおこしてあった。その上に魚がのせてあり、パンもあった。イエスが、「今とった魚を何匹か持って来なさい」と言われた。シモン・ペトロが舟に乗り込んで網を陸に引き上げると、百五十三匹もの大きな魚でいっぱいであった。それほど多くとれたのに、網は破れていなかった。イエスは、「さあ、来て、朝の食事をしなさい」と言われた。弟子たちはだれも、「あなたはどなたですか」と問いただそうとはしなかった。主であることを知っていたからである。イエスは来て、パンを取って弟子たちに与えられた。魚も同じようにされた。イエスが死者の中から復活した後、弟子たちに現れたのは、これでもう三度目である。

私たちは今、復活節のシーズンを過ごしています。この期間はイースターから引き続いて、イエスの復活を覚える時節です。

福音書を舞台にした、こんな賛美歌があります。

ガリラヤの風かおる丘で　ひとびとに話された
恵みのみことばを、わたしにも聞かせてください。
あらしの日波たける湖で　弟子たちをさとされた
ちからのみことばを、わたしにも聞かせてください。

（『讃美歌21』五七番「ガリラヤの風かおる丘で」）

日本のプロテスタントとカトリックでは、共通して歌える曲があまり多くないと聞きますが、この歌は例外です。カトリック教会でもプロテスタント教会でも愛され、ミッションスクールの学生たちも歌うことができる珍しい曲です。日本人が作詞作曲した、というのも良いですね。

この賛美歌を歌う時、心に喚起されてくるものは、ガリラヤの風景への憧れです。

何かに憧れることとは、人の心を深く豊かにするものであり、信仰に関わることとです。「憧れが心を深くする」とアウグスティヌスは格言を残しました。C・S・ルイスも、人間の内側に存在する深くて強い憧れの感情は、その起源である神を指し示すと語っています。

信仰とは、イエスへの憧れです。この歌が人を惹《ひ》きつけて止まないのは、ガリラヤへの憧れ、イエスとの語らいへの憧れが、私たちのうちに呼び覚まされていくからです。イエスが二千年前にガリラヤの湖畔で弟子たちの人生を変えたように、イエスが今日私に対しても語りかけてくださるという期待を持って、みことばを聞いていきましょう。

弟子たちは失望していた

今日の箇所の背景として知っておきたいことは、弟子たちは失望していたということです。場面は、主イエスが十字架にかかった数日後です。十字架を目の前にして、弟子たちは主イエスを見捨てて逃げてしまいました。弟子たちは主イエスが死んでしまったことに失望し、自分の意気地の無さに落胆して、とぼとぼと重い足を引きずるようにして故郷ガリラヤに帰ってきたのです。

ですから、「わたしは漁に行く」（三節）というのは、うきうきと好きな魚釣りに出かけていく、というのではありません。また、嫌なことがあったから気晴らしに何かをしよう、というのとも違います。彼らは元々、漁師であったところをイエスに出会って人生が変えられ、弟子の生活を始めた人々です。つまり漁に出かけるということは、「私はイエスの弟子を諦めて、元の生活に戻っていく」という失望の告白を意味します。「イエスと一緒にいた今までの三年間は夢だった。そろそろ現実に戻らなければ」という、重苦しい気分が晴れぬままの言葉だったのです。

一節の「ティベリアス湖」とはガリラヤ湖の別名です。ここに記されているペトロ、ゼベダイの子ヤコブとヨハネを始めとして、弟子たちの多くはここを働きの場としていた元漁師です。

その後、イエスはティベリアス湖畔で、また弟子たちに御自身を現された。その次第はこうである。シモン・ペトロ、ディディモと呼ばれるトマス、ガリラヤのカナ出身のナタナエル、ゼベダイの子たち、それに、ほかの二人の弟子が一緒にいた。シモン・ペトロが、「わたしは漁に行く」と言うと、彼らは「わたしたちも一緒に行こう」と言った。彼らは出て行って、舟に乗り込んだ。しかし、その夜は何もと

れなかった。(二一章一－三節)

私たちはこの一－三節の描写から、ガリラヤの地の砂埃とガリラヤ湖畔のひんやりとした空気、疲れ切って重い足を引きずるようにして舟に乗り込んでいく「ザッ、ザッ」という弟子たちのくたびれたサンダルの音を、想像しつつ読んでいきたいのです。

イエスは待っていてくださった

四節からは新しい展開が始まります。それは「既に夜が明けたころ、イエスが岸に立っておられた。だが、弟子たちは、それがイエスだとは分からなかった」と始まります。

今までの流れを変えるような動きが、かすかに起き始めています。しかし、弟子たちはそのことを知りません。弟子たちの知らぬ間に新しい流れが始まります。弟子たちは疲れ切って失望していました。けれども、弟子たちのために仕掛けを起こす人がいたのです。

それが、イエスです。

弟子たちはまだ、その人がイエスだと気がついていません。見知らぬ男に食べるものがあるかと問われ、「舟の右側に網を打ちなさい」と言われます。弟子たちはその通りに、網を下ろします。すると引き上げることができないほどに、大量の魚が網にかかるのです。

ヨハネが「主だ」と言います。なぜヨハネは分かったのでしょう。そうです、イエスと弟子たちが出会ったばかりの頃に、全く同じ出来事が起こったからです。夜通し苦労して何もとれなかった、そんな失望の朝に、イエスの言う通りに網を降ろしたら大漁になったのでした（ルカ五章一－一一節）。

七節の「『主だ』と言った」という部分は、聖書を読む時には注意すべきです。私たちの礼拝スタイルにおいては、気をつけなければならない点だと思います。私は皆さんに、臨場感に溢れた想像をしていただきたいのです。演劇や映画であったならば、もっとこの場面の躍動感が伝わるのかもしれません。

「あの人は、もしかして……！　主だ！　主が生きていた！　おいみんな！　あれは、イエスさまだよぉー‼」とヨハネが興奮して叫ぶ姿を想像する方が、きっと実際の出来事にふさわしいと思います。

既に夜が明けたころ、イエスが岸に立っておられた。だが、弟子たちは、それがイエスだとは分からなかった。イエスが、「子たちよ、何か食べるものがあるか」と言われると、彼らは「ありません」と答えた。イエスは言われた。「舟の右側に網を打ちなさい。そうすればとれるはずだ。」そこで網を打ってみると、魚があまり多くて、もはや網を引き上げることができなかった。イエスの愛しておられたあの弟子がペトロに、「主だ」と言った。シモン・ペトロは「主だ」と聞くと、裸同然だったので、上着をまとって湖に飛び込んだ。（四－七節）

ペトロが上着をまとって、すぐに湖に飛び込みました。考えるより、言葉を発するより、先にイエスに向かって全力で泳いでいったのです。これも、映画の一場面のように想像してください。他の弟子たちも慌てて網を引き、無我夢中で舟を漕いでやって来ます。

さて、陸に上がってみると、炭火が起こしてありました。

久しぶりに会ったイエスは、いつものように優しかった。

「さあ、来て、朝の食事をしなさい」（一二節）。イエスは、笑顔です。いつものイエスと変わりません。責められることも咎められることもありません。弟子たちも次第に、笑顔になっていきます。

私は四福音書を専門にして米国で学んできましたが、福音書の復活の記事を読むたびに印象深く思っていたことがありました。それは、四つの福音書に復活のイエスの出来事がさまざまなかたちで描かれているわけですが、その中でただの一つも、イエスが弟子たちの裏切りを責めている箇所が無い、ということです。

イエスは優しかった！　弟子たちは自分自身に失望し、落胆し、後ろめたく思い、「合わせる顔など無い」と考え、おそらくは自分を責めていました。けれども、イエスに弟子たちを責めるような雰囲気は微塵もありません。

「おはよう」という第一声で登場し（マタイ二八章九節）、「食事をしなさい」と声をかけ（ヨハネ二一章一二節）、「平和があるように」と祈ります（ヨハネ二〇章一九節）。それは、弟子たちがよく知っている、いつものイエスでした。イエスは普段と全く変わらない姿で、弟子たちを待っていてくださったのです。イエスは、失敗をした私たちに対して、優しいのです。イエスはいつでもやり直しの機会を与え、私たちが飛び込んでくるのを、待っていてくださるのです。

復活の意義

ここでヨハネによる福音書は一旦置いて、イエスの復活の意義を整理しておきましょう。私たちは今、復活節を過ごしていますから、イエスの復活の意味をきちんと捉えておきたいのです。

コリント信徒への手紙一の一五章は、最古の信仰告白の一つであり、福音書よりも古い復活の証言です。初代教会が理解していた復活の意義が記されています。この章は「復活の章」とでも呼べるでしょう。現代日本のキリスト教界において、この第一コリント一五章が見直され、もっと読まれてほしいと思います。今日はその全てを学ぶことはできませんが、最初の数節を読んでみます。

兄弟たち、わたしがあなたがたに告げ知らせた福音を、ここでもう一度知らせます。これは、あなたがたが受け入れ、生活のよりどころとしている福音にほかなりません。どんな言葉でわたしが福音を告げ知らせたか、しっかり覚えていれば、あなたがたはこの福音によって救われます。さもないと、あなたがたが信じたこと自体が、無駄になってしまうでしょう。最も大切なこととしてわたしがあなたがたに伝えたのは、わたしも受けたものです。すなわち、キリストが、聖書に書いてあるとおりわたしたちの罪のために死んだこと、葬られたこと、また、聖書に書いてあるとおり三日目に復活したこと、ケファに現れ、その後十二人に現れたことです。
（一五章一―五節）

使徒パウロは、福音の説明を改めて試みます。三節ではこの福音を「最も大切なこと」と言います。そしてパウロの考える福音とは「キリストがわたしたちの罪のために死んだこと」（＝十字架）と「復活」でした。

これは考えさせられます。十字架を語らない教会はありません。しかし、復活はどうでしょう。復活を最も大切なこととして、復活こそ福音だとして、全ての主の教会が語っているだろうかと問われます。

そして、復活の意味は何でしょう。なぜそれほどまでに復活は大切なのでしょう。復活の意義は、いくつかあります。「神が全能の方である」ということも示しています。主イエスは公生涯の中で復活を予告していますから、「神は約束を守る方である」ということも、復活の意義と言えるでしょう。

しかし今日、最も大切なこととして確認したい復活の意味は、

「イエス・キリストは今日も生きている」

ということです。イエスは死んだままでは終わらず、死からよみがえって、今日も生きておられます。私たちの神は死んだ神ではなく、今日も生きているのです。そして私の身体と心と人生に、その復活の力を注いでくださいます。復活は単なる信条ではなく、私たちの「生活のよりどころ」となる福音なのです。

それこそが復活の最大の意義であり、私たちが今どうしても確認したいことなのです。

私は米国に留学していた時に、近くの街にあったある教会で、復活の信仰を教えていただいたと思っています。いわゆる黒人教会でした。その言い方は、差別的な響きを持ちません。むしろ尊敬の念を込めて地域でそう呼ばれ、愛されています。もちろんどの人種の人々も歓迎されますが、出席者はアフリカ系アメリカ人の方々がほとんどです。

初めてその教会に行った時の出来事が忘れられません。会堂に入って席に着いた時、歌声と共に、聖歌隊なのでしょうか、とても体の大きな人たちが、歌いながら踊りながら、ゆっくり近づいて来るのです。

私たち家族は、私と妻と当時五歳の息子です。息子が怖がって私にしがみついてきます。踊りながら歌う聖歌隊の視線は、しっかりとこちらの三人に注がれています。目が合いますが、圧倒されます。彼らは笑顔です。私たちは体がこわばり身動き取れないまま、その聖歌隊に囲まれているような状況でした。その人たちの身体の大きいこと、その広さ、長さ、高さ！　私たち家族が完全に固まっている状態で、聖歌隊は見事なハーモニーでフィニッシュしました。

「ウェルカーム、ホォーム……！」

……いや、全くホームではなかったです。むしろアウェイ感しかない（笑）。

結局、私たちはこの教会の人々に感銘を受け、その礼拝に感動し、機会があるたびに足を運ぶようになりました。賛美は本物のブラック・ゴスペルですから、行くたびに感動したのは言うまでもありません。牧師のメッセージは力強く、独特のリズムをもって高揚していき、会衆の信仰を鼓舞していきます。「私たちは、キリストによって何でもできる！」と牧師が叫ぶと、会場のあちこちから「アーメン」「ハレルヤ」と、合いの手のごとく声が上がります。

今から思い返すと独特の光景ですが、メッセージの途中から、誰かが泣いてもいいように、ティッシュの箱を持ったアッシャー（奉仕者）たちが通路に立つのです。そしてある者は涙を流して周囲に抱きしめられ、ある者はメッセージに呼応して大声で叫ぶ、語る者と聞く者が一体となった時間が延々と続くのです。

私たちも次第に、その恵みと高揚の渦の中に巻き込まれていきました。

思えば、私たちも慣れない外国暮らしで疲れ切っており、励ましを必要としていたのでしょう。大音量の賛美に心を震わせ、メッセージに信仰を燃やされ、祝祷に魂を慰撫され、「また一週間、アメリカ生活がんばろうね」と満たされた気持ちで帰途についたのです。

後になって、黒人教会には伝統的なメッセージのタイトルがあると学びました。それは「サンデー・イズ・カミング」。意味合いを汲みとって訳すならば、「復活の日曜日はまたやって来る」となるでしょうか。

あの教会のメンバーの中には、貧しい人たちがいました。人種差別を受けて苦しんでいる人もいたでしょう。もっと言えば、人種問題や貧しさだけでなく、誰の人生にも困難がありります。私たちは誰もが、人に言えない悩みも持っているものです。しかし、主イエスは復活して、今日も私たちと共に生きておられます。そして私の身体と心と人生に、復活の力を注いでくださいます。それを思い起こさせる、復活の日曜日が毎週やって来るのです。

そして復活の信仰は、地上の生涯を生きる力を与えるだけではないのです。その先へとつながります。「サンデー・イズ・カミング」は、「主イエスがもう一度来られる日が必ず来る」という意味合いも込められているように思えるのです。

有名なゴスペル "We Shall Overcome" が、公民権運動のシンボルとして現代に生きる人々を力づけつつも、主イエスにあって死をも克服する「その日」を待ち望む曲であるように。私たちは日曜日ごとに復活の力を頂きつつ、必ず来る主イエスの現れを待ち望みながら生きるのです。

励ましのサイン

今一度、ヨハネによる福音書二一章のみことばに戻っていきましょう。

弟子たちは男の正体が最初は分からなかったのですが、大漁になった出来事がイエスとの出会いを思い出させました。他にも、イエスとの出来事を思い起こさせる仕掛けが幾つかあります。イエスは弟子たちを励ますサインをあちこちに備えてくださったのです。

それはまず、魚とパンの食事です。このメニューは、五千人の給食の時と一緒です。弟子たちは、あの日の出来事を思い起こしたことでしょう。イエスの弟子であることが誇らしく思えていたあの頃、イエスの奇跡に驚嘆していたあの日々。この食事は、そんな時代の自分たちを思い起こさせ、力を与えてくれたのです。

次に過去の出来事を思い起こさせる仕掛けは、「炭火」です。九節に「炭火がおこしてあった」と何気なく書かれてありますが、実は「炭火」は、福音書にそれほど登場しません。このヨハネ二一章と、有名なもう一つの箇所だけです。有名なもう一箇所とはどこですか？　そうです、ペトロがイエスを三度否んだ、あの大祭司の庭の炭火です。

大祭司の庭で焚《た》かれていた炭火の前で、「あなたも、あのナザレのイエスと一緒にいた」と女中に言われ、ペトロは否定します。同じようなやり取りが繰り返されますが、ペトロは呪いの言葉さえ口にしながら「そんな人は知らない」と誓ってしまうのです。

鶏が鳴いた時、主イエスの「あなたはわたしを三度知らないと言う」というお言葉を思い出します。ペトロが振り返るたびに胸が痛む、自分の小ささや醜さがよく分かる辛い経験でした。

イエスは炭火の前で、ペトロに問いかけます。「わたしを愛しているか」。イエスは明らかに意図をもって炭火をおこしたのです。その意図とは、ペトロを励まして、遣わすことです。ペトロはイエスを三度にわたって否定しましたが、イエスは彼のために、愛を表明する機会をここで三度与えました。ペトロを責めるためではなく、回復させるために、主イエスはこのことをなさったのです。

今日も生きておられる主イエスと共に

今日は、復活のイエスが弟子たちの前に姿を現し、彼らを励ましてくださった場面を味わいました。また、イエスが復活したことの意義を、確認しました。

今、私たちはどうでしょうか。弟子たちのように失望していますか。疲れていますか。私たちが大切なことを見失っているならば、分かるように、いろいろな形でイエスは示してくださいます。

イエスは今日も生きています。イエスは死んだままでは終わらず、復活して、今日も生きておられるのです。そして私たちの身体と心と人生に、その復活の力を注いでくださいます。

私は、このガリラヤ湖畔の出来事に憧れます。弟子たちとイエスの語らいに憧れます。私も弟子たちと同じように、失敗の多い者だからです。イエスに憧れて歩んでいる者だからです。あなたも、失敗しても平気なのです。弟子たちに起きたことが、私とあなたにも起こるからです。

あなたの人生の中で、イエスを発見する目を養いましょう。イエスは、十字架の贖いで私たちの罪を赦して、復活の身体で両手を広げて待っていてくださいます。イエスの元に、飛び込んでいきましょう。復活のイエスと共に、歩んでいきましょう。

【引用文献】

『讃美歌21』五七番「ガリラヤの風かおる丘で」

Ａ・Ｅ・マクグラス『キリスト教神学入門』神代真砂実訳、教文館、二六九頁。

復活節第四主日

神の栄光を見る者に

保守バプテスト同盟　盛岡聖書バプテスト教会　近藤愛哉

ヨハネの福音書一一章一七節―二七節

イエスがおいでになると、ラザロは墓の中に入れられて、すでに四日たっていた。ベタニアはエルサレムに近く、十五スタディオンほど離れたところにあった。マルタとマリアのところには、兄弟のことで慰めようと、大勢のユダヤ人が来ていた。マルタは、イエスが来られたと聞いて、出迎えに行った。マリアは家で座っていた。マルタはイエスに言った。「主よ。もしここにいてくださったなら、私の兄弟は死ななかったでしょうに。しかし、あなたが神にお求めになることは何でも、神があなたにお与えになることを、私は今でも知っています。」

イエスは彼女に言われた。「あなたの兄弟はよみがえります。」マルタはイエスに言った。「終わりの日のよみがえりの時に、私の兄弟がよみがえることは知っています。」イエスは彼女に言われた。「わたしはよみがえりです。いのちです。わたしを信じる者は死んでも生きるのです。また、生きていてわたしを信じる者はみな、永遠に決して死ぬことがありません。あなたは、このことを信じますか。」彼女はイエスに言った。「はい、主よ。私は、あなたが世に来られる神の子キリストであると信じております。」

人はその一生において一体どれだけの「死」に触れるのでしょうか。連日のように、国内外で起こる事件や事故、戦争や紛争による数々の痛ましい死についての報道が、目や耳に飛び込んできます。各地で自然災害が発生し、犠牲者が生まれるたびに、人の命の儚《はかな》さを否応なしに意識させられます。家族、友人、教会の兄弟姉妹など親しい存在の死は、遺された者の胸に悲しみと喪失感をもたらします。他者の死を経験し続けながらたどる人生はやがて、自分自身の死をもって閉じられることになります。また病気による余命の宣告など、自分の人生が終焉《しゅうえん》に近づいたことを前もって知らされるならば、少

保守バプテスト同盟　盛岡聖書バプテスト教会　近藤愛哉

なからぬ動揺を覚えることでしょう。

私は牧師として教会に仕える傍ら、この十年、盛岡市内にある医療福祉系の専門学校で非常勤講師を務めてきました。担当している授業（「キリスト教概論」、「死生学」、「生命倫理」）では、毎年のように二〇歳前後の学生たちに、「あなたが『死』に触れた経験は？」という質問の答えを提出してもらっています。そこではペットの死から始まり、家族や自分の闘病の経験、肉親や親族の死、二〇一一年の東日本大震災の津波によって行方不明となった友人のこと、同級生の事故死、自死を考えるほどに悩んだ経験など、多様な内容が明かされます。

長い人生経験を積んだ高齢者だけが死を具体的に捉え、強く意識しているわけではありません。若者たちもまた、様々な形で死を意識しながら生きています。「メメント・モリ」とは、「自分の死を忘れるな」と呼びかけるラテン語の言葉ですが、避けることが出来ない現実としての「死」とどう向き合うかということは、私たちの人生を左右する問題です。だからこそ聖書は、この問題について言葉を濁すことなく明確に語っています。

今、私たちの前にヨハネの福音書一一章が開かれています。聖書に残された様々な記録の中でも、死と向き合う人々の姿を最も具体的に記録している箇所の一つが、このヨハネの福音書一一章ではないでしょうか。ここには、ベタニアという村に住んでいた青年ラザロの死とよみがえりについての記録があります。もちろんこの出来事が表しているのは、死んだラザロでさえも生き返らせることが出来る神の子としてのイエスの力でした。しかし同時に、ラザロの死に関わる人々の姿を丁寧に描き出すことを通して、死の力の前にあまりにも無力な存在である人間の現実もまた表されています。マルタとマリアをはじめとする人々が、一体どのように死と向き合ったのかを確認しながら、イエスが彼女たちに語りかけた言葉に共に耳を傾けてみましょう。

ラザロの病気の具体的な説明はありませんが、それが死に至るほどの重いものであったことがわかります。医者の治療による回復の見込みはなかったようです。もはやイエスの奇跡に頼ることしか望みがないという状況下、マルタとマリアがイエスに送り伝えた、「主よ、ご覧ください。あなたが愛しておられる者が病気です」（三節）という言葉は注目に値します。一見するとラザロが病気であるという事実を単純に伝えている言葉のようですが、より強い思いが込められています。彼女たちは「私たちが愛している兄弟が病気です」とは言わず、「あなたが愛しておられる者が病気です」と言ったのです。つまり、この言葉からは、「私たちは、あなたがどれだけラザロを愛しているかを知っています。あなたが、愛するラザロを癒してくださらないはずがありません。すぐに来てください」というような、イエスに対する信頼に裏打ちされた訴えの響きが聞こえてくるのです。

しかし、この知らせを受けたイエスはすぐに出かけることをせず、その時いた場所になお二日留りました。都エルサレムからわずか三キロメートルほどのベタニアに向かうことには危険が伴いました。エルサレムを中心としたユダヤ地方では、メシアとしてのイエスに対する期待が高まる一方で、殺意を含む反感もまた高まり続けていたからです。「先生。ついこの間ユダヤ人たちがあなたを石打ちにしようとしたのに、またそこにおいでになるのですか」（八節）という弟子たちの言葉には、恐れと緊張の様子が感じられます。神を冒瀆する者と見なされ、ユダヤ人たちに殺されかけたエルサレムでの出来事（一〇章）は、弟子たちの内に恐怖心を植え付けていました。「私たちも行って、主と一緒に死のうではないか」（一六節）というトマスの言葉は、いかにも勇ましい呼びかけですが、自分を含む、暴力に脅える弟子たちを鼓舞した言葉のようにも聞こえます。この時、弟子たちもまた別の形で「死（への恐れ）」と向き合っていたと言えるでしょう。教会の歴史とは迫害の歴史でもあります。イエスに従うことによって受ける迫害は遠い昔だけのことではなく、現代にも続いている現実です。無数の兄弟姉妹たちが今もなお、世界の至るところで命の危機の中に置かれ続けていることを忘れてはなりません。

マルタとマリアに話を戻しましょう。二人にとって、ラザロが死んでからイエスを迎えるまでの四日間とはどのような期間だったのでしょうか。弟子たちが危惧した、ユダヤにおけるイエスを巡る不穏な情勢については、彼女たちも当然理解していたはずです。それでもなおイエスに使いを送ったという事実が、ラザロの病の重さと彼女たちが抱いた切迫感を物語っています。

前述の通り、知らせを聞いたイエスはすぐにでも来てくださり、死の淵にあるラザロを癒してくださるに違いないと、彼女たちは確信していたはずです。しかし、期待も空しくラザロは息を引き取りました。喪失の悲しみに打ちのめされつつ過ごした四日間、彼女たちが心の中で何度も重ねたであろう思いが記録されています。イエスに会ったマルタとマリアがそれぞれ口にした言葉は同じものでした。

主よ。もしここにいてくださったなら、私の兄弟は死ななかったでしょうに。（二一節、三二節）

別のユダヤ人たちが発した言葉も姉妹の思いを代弁するものでした。

見えない人の目を開けたこの方も、ラザロが死なないようにすることはできなかったのか（三七節）

マルタはこうも言葉を続けました。

あなたが神にお求めになることは何でも、神があなたにお与えになることを、私は今でも知っています。（二二節）

「あなたが神に求めたならば、神はその求めに答え、ラザロに回復を与えてくださったはず。それなのになぜ、ラザロが死んでしまう前に来てくださらなかったのか」。姉妹の口からこぼれ落ちた「恨み節」とも取れるこれらの言葉にこそ、私たち信仰者が抱える葛藤の本質が表れているように思います。それは、神に対する信頼と、目の前の現実との間で覚える葛藤です。

　病に苦しむ存在のために、「（神の）御心ならば、どうか助けてください」と祈る時、そこには全ての結果を神に委ねるという以上の切なる願望があります。まさにマルタとマリアが祈ったように祈ります。「主よ、私たちが愛している以上に、あなたはこの人を愛しているはずです。だから癒してください……」。たとえ私の願いと異なっていても、神はいつも最善のことをしてくださるという神の主権に対する信頼は、私が願う通りのことを神はしてくださるに違いないという願望に取って代わります。

　闘病中に奇跡的な癒しがもたらされたという証しや体験談を思い出し、目の前の愛する存在にも同じことが起こるようにと心を注いで祈ります。しかし、期待するような回復が見られない時、自分の信仰と祈りの足りなさゆえではないかと、自責の念に襲われます。もしくは、神に対する疑問や恨みに近い感情すら抱いてしまうかもしれません。

　祈りの中で神に願い求めることは、信仰者に与えられた特権です。しかし、私たちが祈ることによって神の御心を何でも決することが出来ると考えてしまうのは、神の主権と私たちの祈りについての思い違いをしていることになります。

死は身近な存在との別れをもたらし、遺された者に深い悲しみをもたらします。兄弟ラザロを失った姉妹の悲しみは深いものでした。気丈にもイエスをすぐに出迎えたマルタに対して、マリアは家に留まっていました。二人を慰めるために訪れた大勢のユダヤ人たちと共に泣いていたと思われます。

喪失からの回復のためにも、悲しみを素直に表すことは確かに大切です。一般的な日本の葬儀は、故人が死んだ数日の間に慌ただしく執り行われます。遺族は参列者を迎えるための準備をせわしく進めるため、十分に悲しみを吐き出す時を持つことが出来ないと言われることがあります。しかし、マルタとマリアの場合、どうやらそれは当てはまらなかったようです。イエスに呼ばれたマリアは、立ち上がりイエスのところに急ぎました（二九節）。それを見た人々は、マリアが墓に泣きにいくのだと思い一緒について行きました（三一節）。当時のユダヤの慣習では、悲しむ人と共に大いに泣くことが慰めの手段と考えられていたようです。

どこまでも高まり続ける悲しみの感情が人々の心を支配していました。イエスの足元にひれふして泣くマリアと、彼女を囲む大勢のユダヤ人たちの泣き声が幾重にも響き渡るその場にイエスは立っておられました。そしてこの時、「イエスは涙を流された」（三五節）のです。

この「イエスが涙を流された理由」として、いくつかの解釈が挙げられますが、ある人たちは、姉妹たちが抱く悲しみにイエスが深く同情されたことの表れだと捉え、私たちの悲しみに寄り添い、共に泣いてくださるイエスの姿がここに明らかにされていると言います。確かに神は慰めてくださるお方です（第二コリント一章四節）。しかし、イエスが流されたこの涙を単なる同情によるものと見てしまっては、イエスが「霊に憤りを覚え、心を騒がせ」（三三節）たことの説明は出来ません。なぜなら、イエスはラザロをよみがえらせるため、神だけがもたらすことの出来る希望を明らかにするためにベタニアに来られたからです。

「兄弟を失ったかわいそうな自分」という自己憐憫《れんびん》の殻の中に閉じこもることによって、マリアはイエスが与えようとしておられるいのちの希望に目を閉ざしていました。マリアの涙と、それに同調する人々の涙は、イエスをも自分たちと同じように死の前に無力な存在、ただ悲しみに同情することしか出来ない存在と見なしていたことの表れでした。いのちの主が目の前に立っておられるにもかかわらず、ただ悲しみに打ちひしがれているマルタ、マリア、そして人々の姿を見て、イエスは涙を流されたのです。

これはマルタとマリアの不信仰の表れであり、自分の信仰はそうではないと片付けることが出来るでしょうか。愛する人の死を経験した者は、この箇所に記録される姉妹の姿に自分自身を重ねることが出来るはずです。マルタとマリアは、「死」という敵を前にした私たち人間の代表とも言えます。だからこそ、イエスの言葉に耳を傾けなくてはなりません。

イエスはマルタに語られました。

わたしはよみがえりです。いのちです。わたしを信じる者は死んでも生きるのです。また、生きていてわたしを信じる者はみな、永遠に決して死ぬことがありません。あなたは、このことを信じますか。（二五－二六節）

一体他の誰が確信をもってこのような言葉を口にすることが出来るというのでしょうか。イエスだけが語ることが出来る希望に満ちた言葉がここにあります。イエスを信じる者に対しては、人の罪に対するさばきを象徴する死がその力を失うということが宣言されたのです。

ところが、主の問いかけに対するマルタの答えはどこかちぐはぐなものに聞こえます。

はい、主よ。私は、あなたが世に来られる神の子キリストであると信じております。（二七節）

一見すると「整った」信仰告白の言葉のようにも思えます。しかし、マルタはあくまでも自分自身の常識の理解の中に留まり、イエスが語られた言葉の真意、イエスが神の子キリストであることの意味を追求しようとはしていないのです。その証拠に、マルタは喜びに溢《あふ》れてイエスが語る恵みの言葉にさらに耳を傾けようとせず、イエスとの会話を早々に打ち切り、悲しみに満ちた喪中の家に戻って行ってしまったのです。イエスが墓の石を取りのけるよう命じた時、もうすでに遺体が腐っているからと、イエスを制してしまったのもマルタでした（三九節）。このマルタの姿は、ピリポ・カイサリアにおいて、「あなたはキリストです」と告白しながら、次の瞬間には、イエスの十字架の死を受け入れることが出来ずにイエスをいさめてしまったペテロの姿（マルコ八章二七－三〇節）とも重なります。マルタもペテロも、自分が口にした信仰告白の意味を理解していないのです。

私たちはどうでしょうか。信仰告白を繰り返しながらも、イエスの言葉を自分の常識の理解の範疇に閉じ込めてしまってはいないでしょうか。イエスがキリストであることの意味は、私たちの内で深まり続けているでしょうか。

「ラザロよ、出て来なさい」（四三節）というイエスの大声の呼びかけにより、ラザロはよみがえりました。イエスによる死者の復活の奇跡の例としては他に、会堂司ヤイロの娘（マルコ五章、マタイ九章、ルカ八章）、ナインの母親の息子（ルカ七章）についての記録のみが残されています。イエスの時代に死んだ者たちが次々とよみがえったということを聖書は伝えていません。一度は死から呼び戻されたラザロたちも、やがて再び死の眠りについたのでしょう。依然として人間の人生は死に支配されているように思えます。それでは、この死者の復活という奇跡には一体どんな意味があったのでしょうか。

病によってこの地上の人生を終えようとする多くの兄弟姉妹たちの最期に牧師として携わってきましたが、病の苦しみにうめく彼らの傍らで何度も目撃したものがあります。それは、次第に力が失われた肉体に死が影を落としていくのとは裏腹に、むしろ勢いを増し続けた永遠の命の輝きでした。

病の発見からごく短い入院期間で天に召されていった四十代の兄弟の姿を思い出します。手術の説明を聞くために臨んだはずの医者との面談で彼が聞いたのは、長くても一カ月という余命の宣告でした。その日、訪れた病室で報告を聞き絶句する私に、彼が語った言葉を忘れることが出来ません。「先生、これまでずっと祈ってきたイエス様に、私はもうすぐ会えるんですね」。イエスの言葉を信じ切る信仰を最期の瞬間まで体現しながら、彼は旅立っていきました。

他にも、体の不調を覚え、受診した病院で末期の癌が発見された三十代の兄弟の約半年の過酷な闘病生活を思い出します。突然目の前に突き付けられた死の現実に本人も家族も教会も動揺しました。癒しと回復を願い教会は祈り続けましたが、病状は悪化の一途をたどりました。天に召される直前に聞いた、激しい痛みで意識が朦朧《もうろう》としながらも力を振り絞って口にした言葉もまた忘れることが出来ません。「今、私が感じているこの幸せを皆さんに伝えてほしい。喜びを、そしてこの感謝を伝えてください」。その二日後に彼は息を引きとりました。しかし、その最期の姿は、無力な人間の敗北ではなく、死の力に対する確かな勝利を証ししていました。

ラザロたちのよみがえりの奇跡を通して、神の前には死でさえも力を持たないことが明らかにされました。そして何よりも、イエス自身が死んでよみがえられたことを通して、肉体の死で終わることがない永遠のいのちが与えられることを、神は高らかに宣言し、約束してくださいました。

このレントからイースターへと至る期間、私たちは「死」を思う時を過ごし、同時に「いのち」を思う時を過ごしています。「死」を前に慄《おのの》くこの世界にあって、私たちは「キリストにあるいのち」を証しし続けます。マルタとマリアの恐れを、葛藤を、悲しみを全て受け止めながら、死をもはるかに凌駕《りょうが》する神の力を明らかにされたイエスの言葉に耳を傾け続けましょう。

信じるなら神の栄光を見る、とあなたに言ったではありませんか。（四〇節）

復活節第五主日

だからまた、互いに愛し合う

遺愛女子中学校高等学校　百武真由美

ヨハネによる福音書一五章一二―一七節

わたしがあなたがたを愛したように、互いに愛し合いなさい。これがわたしの掟である。友のために自分の命を捨てること、これ以上に大きな愛はない。わたしの命じることを行うならば、あなたがたはわたしの友である。もはや、わたしはあなたがたを僕とは呼ばない。僕は主人が何をしているか知らないからである。わたしはあなたがたを友と呼ぶ。父から聞いたことをすべてあなたがたに知らせたからである。あなたがたがわたしを選んだのではない。わたしがあなたがたを選んだ。あなたがたが出かけて行って実を結び、その実が残るようにと、また、わたしの名によって父に願うものは何でも与えられるようにと、わたしがあなたがたを任命したのである。互いに愛し合いなさい。これがわたしの命令である。」

ご受難前に語られたキリストのことば

このヨハネ福音書一五章は、いわゆるキリストの告別説教の中に位置しています。ヨハネ福音書は一三章からを、主イエスご受難の前日の出来事に割いています。主は弟子たちの足を洗い、彼らの裏切りを予告され、助け主である聖霊を与えると約束なさったあと、ご自身がまことのぶどうの木であることと、今日の箇所についてお語りになりました。そして祈りをささげられたのち、ゲツセマネの園に向かい、逮捕され、裁かれて、十字架におかかりになりました。その意味でこの箇所はレントの季節に読むような印象をどことなく抱きがちです。

しかし日本基督教団の聖書日課では、この箇所は「復活節」に置かれています。主が復活なさったのちの主の日において読むべき御言葉であると、日本基督教団という教会

遺愛女子中学校高等学校　百武真由美

は考えたということです。それはこの箇所が、主イエスのご受難と復活を通してこそ、私たちに大きく迫る御言葉であるからです。

ヨハネ福音書において主イエスのお言葉は、主イエスのわざや行いと深く結びついています。

この箇所の直前、一一節で主イエスは言われました。

「これらのことを話したのは、わたしの喜びがあなたがたの内にあり、あなたがたの喜びが満たされるためである」

その前の部分では、主イエスはご自分のことを「まことのぶどうの木、わたしの父は農夫である」（一節）と語り、「あなたがたはその枝である」（五節）とされました。そのぶどうの木と枝は「つながっており」、それだから枝々はキリストに「とどまる」ようにと主は語ってくださいました。

その主イエスが、十字架での死と復活を通して、私たちに「互いに愛し合うように」と掟を残してくださった。「互いに愛し合いなさい」というご指示は、この箇所で、命令として、また掟として主イエスから私たちに繰り返し差し出されています。

キリストの掟——「互いに愛し合いなさい」

十字架にかかる前夜、主イエスは「わたしがあなたがたを愛したように、互いに愛し合いなさい」（一二節）と語られました。ここで主イエスが「わたしがあなたがたを愛したように」と語られた愛が十字架で私たちのために死ぬ愛であることを、教会の時代に生きる私たちは知っています。だから一三節で「友のために自分の命を捨てること、これ以上に大きな愛はない」とおっしゃった主イエスが、本当にご自分の命を捨てて愛してくださったというこの御言葉に心打たれます。けれどもその主イエスがわたしたちを愛してくださったように、「互いに愛し合いなさい」という掟の前に、少なからずたじろいでしまうのです。私にはそんなことできない、と。それなのに主イエスは畳みかけるように、一四節で続けておっしゃいます。

「わたしの命じることを行うならば、あなたがたはわたしの友である」

「わたしが十字架で死んだように互いに愛し合え」という主イエスの掟に従うならば、私は主イエスの「友」となれる。「友」のために命を捨てる、これ以上の愛はない、という主のお言葉を前に、再度たじろいでしまうのは、私だけでしょうか。

このヨハネ一五章はあまりに有名で、また多くの人から愛されている御言葉です。しかしこの説教の準備のためにこの箇所を繰り返し読んでいくうち、自分が主イエスの友には到底なれないという思いがいよいよ強くなりました。主イエスに「友」と呼んでいただいても、私には主イエスのように愛することも、主イエスの掟に従うことも不可能だと感じたからです。

だから一五節で「もはや、わたしはあなたがたを僕とは呼ばない。……わたしはあなたがたを友と呼ぶ」というお言葉を、手放しで喜ぶ気分にはなれませんでした。もしかしたらこの部分を愛唱聖句に選ぶ人の多さと同じくらい、戸惑いを覚える人も多いのではないでしょうか。ではどうしてこんなにも、主イエスに「友」と呼んでいただくことに、ある種の戸惑いを覚えてしまうのでしょうか。

「友」に選ばれる

そもそも「友」とは何でしょうか。ある辞書は次のように解説します。

一．いつも親しく交わっている相手。友人。朋友。
二．志や目的を同じくする人。仲間。同志。
三．ふだん好んで親しんでいるもの。

このうち、私たちがふだん「友だち」と呼んでいるものは、一のいつも親しく交わっている相手のことではないか、と思います。ただ自分に当てはめてみると、私の「友」の対象は自分の都合に合わせて絶えず変化していることに気づかされます。自分の気分や損得から誰を友とするかは変化していく、それが私たちの「友」の現実ではないでしょうか。昨日までの友は今日の敵、ということもあり得るほどです。その感覚でいると、主イエスと私が友となる時に、私の都合で主イエスの友となる時とそうでない時が生じてしまうのではないか、と怖くなるのです。それくらい、私の罪はいまだに私の中に深く根ざし、時に私を支配して、主イエスから私を引き離してしまいます。そのような経験を何度も何度も繰り返してきた、それが私の信仰の歩みです。だから怖くなってしまうのです。

ここに、復活節にこの御言葉を聴く意味があるのではないでしょうか。主イエスは「友のために命を捨てる以上の大きな愛はない」と言われるその愛で私を愛し、私が主イエスに「つながって」いられるようにしてくださった。主が私の友となって、父なる神さまから聞いた救いの約束を私に知らせてくださった。この罪人の私のことを、主が「友」と言ってくださった。愛してくださった。それは十字架での受苦と復活でこそ確かにされた。だから私たちは主イエスのこのお言葉を、復活節に聴いて、復活の主イエスが私たちの罪の救いのためになしてくださった、贖いの尊さを知るべきなのではないでしょうか。

讃美歌三一二番「いつくしみ深き」はあまりに有名です。たびたび歌われるせいか、その歌詞をさして気にも留めずに、私はこれまで歌ってきました。しかしこの説教の準備の中で「友なるイエス」という言葉がひっかかり、その歌詞を何度も反芻《はんすう》する機会を得ました。この讃美歌は、二節で次のように歌っています。

いつくしみ深き　友なるイエスは、
われらの弱きを　知りて憐れむ。
悩みかなしみに　沈めるときも、
祈りにこたえて　慰めたまわん。

この「弱さ」とは、罪の支配に引きずられてしまう弱さのことではないか、「悩み悲しみ」は救われてもなお罪を繰り返している私の存在そのものに対する悩み悲しみではないか、という気がします。そういう罪から自由になりきれない私を、いつくしみ深い友であられる主イエスが、憐れみ、慰めてくださる。それは罪も含めた私というこの存在そのものをどこまでも喜んで受け入れてくださる主イエスのご愛です。私たちが日ごろ歌う讃美歌三一二番は、その主イエスのご愛が私を罪の中から救い出す確かな根拠となったことを物語るものです。

そう思うと、主イエスが私を「友」と呼んでくださることに、今度は畏れを感じます。こんな私でよいのですか、という思いになります。だから主イエスは一六節で言ってくださったのです。「あなたがたがわたしを選んだのではない。わたしがあなたがたを選んだ」と。そしてそれは「あなたがたが出かけて行って実を結び、その実が残る」ために、主イエスが私たちを選んでくださったのでした。

「互いに愛し合う」者へ、と選ばれる

一六節で主イエスはどのような「実」を思い浮かべておられたのでしょうか。主イエスは一六節で私たちを選んだ理由として「実を結びその実が残ること」と、「主イエスの名によって父なる神さまに願うものは（私たちに）何でも与えられる」ことを挙げておられます。

願うものが何でも与えられるために任じられる、というのも不思議な感じがします。自分の欲しいものを願うために任命されるなんて、不思議なことです。けれども、自らの命を捨てた主イエスの友としていただいた私たちが、主イエスの名によって父なる神さまに求めるもの、となれば、気の向くままに欲しいものを願うわけにはいきません。父なる神さまの御心がなることを願うはずです。いや、主イエスの犠牲の大きさを知った以上、神さまの御心をこそ願うべきです。その父なる神さまの御心とはまさに、「主

が私たちを愛してくださったように、互いに愛し合う」ことであるはずなのです。

再び私の話になってしまいますが、伝道者としての短い歩みの中で、私はこの箇所で教会の主の日の説教をしたことがありませんでした。教会暦に沿って、ヨハネ一五章を開いた時、「いま、この御言葉を通して、私が神さまから聴くべきことは何か」をなかなか捉えられず、準備が捗りませんでした。その理由のひとつは、「命令」や「掟」という言葉の重みに耐えかねるような気がしたからでした。主のご命令には〝何としても従わなければ〟という気持ちが強かったからです。

けれども「命令・掟だからこそ従わなければならない」という考え方こそ、律法主義です。律法によっては、人は決して救われません。律法によって明らかにされるのは、使徒パウロが指摘した通り（ローマ三章二〇節）、まさに罪だけなのです。この御言葉を前にして「イエスさまの掟を守って愛し合わなければならない」と思っている私の考え方そのものが、すでに私が罪人であることを露呈していたのでした。

そのことに気づいた時、私は命令だから従うのではなくて、私を友とするまで愛してくださった主イエスの願っておられることだから、だから互いに愛し合いたい、と思いが新たにされたのでした。そうすると、主イエスのこれ以上ないほどの大きな愛に到底近づくことはできないけれど、私の持っているものすべてを用いて、やはり愛したいという思いが内から湧き上がってくるように感じたのでした。

そしてそうだとすれば、一六節で主イエスが言われた「実」は、主イエスのご栄光を表すこと、主イエスの御心に適《かな》うこと、そして私たちの言葉と思いと行いによって、主イエスの愛が真似《まね》られていくことではないでしょうか。それは主イエスが私たちを愛してくださったように、互いに愛し合おうとすることです。

ただし、私たちは、主イエスが愛されたように愛することはできません。私たちは主イエスの再び来たりたもう日までは、いまだ「救われた罪人」だからです。主イエスが愛してくださったように隣人を愛そうとしても愛せない、命を捨てるどころかほんの少しの犠牲さえも惜しんでしまう。とても「実を結び」「その実が残る」愛とは言えません。

そんな思いで行き詰まっていた時、興味深い話を聞きました。果実をつける植物は、きちんと実を摘み取らないと、次のシーズンに実がつかないという話です。すべての果実に当てはまるかはわかりませんが、今季実った果実をきちんと収穫してあげないと、来季には実がつかないものがあるのだそうです。果物だけでなく、ハーブなどの植物も当てはまると聞きました。当たり前のことながら、ぶどうの枝も一度限りではなく今季も来季も実を結びます。キリストという幹につながっている枝々もまた、繰り返し実をつけていく。

私たちが「主イエスが愛してくださったように互いに愛し合う」という実を結ぶように期待される時、それは一度限りのことではなく、繰り返し実を結ぶことが願われています。だとすれば、この「救われた罪人」である私たちは幾度失敗するかわからないけれども、だからこそ、主イエスに友としていただいた喜びに励まされて、再び互いに愛し合うことに取り組む。そういうことを主イエスは「実を結ぶ」と語り、繰り返し繰り返し愛のわざに励むように命じ、掟を与えてくださったのではないでしょうか。

そう考える時に本当に深い慰めとなるのがまた、一六節の御言葉です。「わたしの名によって父に願うものは何でも与えられるようにと、わたしがあなたがたを任命したのである」と主イエスは語られました。私たちが御心を求めて、主イエスのご命令に喜んで従って互いに愛し合いたいと願う時、それは与えられると主イエスは言ってくださった。主イエスは、互いに愛し合うことを望む者へと私を選び、任じてくださった。「主の祈り」では、「御心の天になるごとく、地にもなさせたまえ」と祈りますが、御心がこの私に行われるようにと祈るところに、聖霊は必ず働いてくださると信じるのが、私たちの信仰です。そうであれば、私たちが主イエスの十字架と復活による救いの大きさを知れば知るほど己の罪が明らかになり、己の罪が明らかになればなるほどこの身を救い、選んでくださった主イエスの愛にこたえて互いに愛し合いたいと願うようになり、それが御心に適う限り、父なる神さまはそのために必要なものを与えてくださるはずです。

こう考えてくると、主イエスは実のところ、私たちがいずれは実を結べるように最初から配慮してくださっていた、ということに気づかされます。その実が次第に成熟したものとなり、主の栄光をあかしするものとして残っていくように、そのために主イエスは私を選び、任じてくださいました。そして時には酸っぱい実しか結べないような私の友となり、それでも私とつながっていると宣言してくださいました。

ここに、完全な愛があります。

私たちはキリストの完全な愛を真似し、目指しつつ、そして間違いなく幾度も失敗し続けながら、しかし再び互いに愛し合うことへと押し出されていくのです。愛し得ない自分自身に直面するたびに、この身の罪の深さとその罪を贖ってくださった主イエスのご愛を新しく知りながら、もう一度互いに愛し合うように導かれていく。それが私たちの結ぶべき実なのではないでしょうか。

そういう実を結ぶ者として、主イエスは私たちを選び出してくださいました。主イエスの愛にならって互いに愛し合うように選び出されました。愛することに不適当なこの私を「友」にしてくださいました。

だから私たちも、友となってくださった主イエスを心から信頼して、このお方に「心の嘆きを包まず述べて」いきたいのです。幾度愛することに失敗しても、主イエスの選びの確かさに信頼して、もう一度愛し合いたいのです。それが主イエスに愛された者の目指すべき姿です。

喜んで、心から、私たちの主のご命令と掟に従いたい、と祈ろうではありませんか。

【引用文献】
『讃美歌（一九五四年版）』三一二番「いつくしみ深き」

遺愛女子中学校高等学校　百武真由美

復活節第六主日

キリストの勝利

日本基督教団　神戸東部教会　古澤啓太

ヨハネによる福音書一六章二五―三三節

「わたしはこれらのことを、たとえを用いて話してきた。もはやたとえによらず、はっきり父について知らせる時が来る。その日には、あなたがたはわたしの名によって願うことになる。わたしがあなたがたのために父に願ってあげる、とは言わない。父御自身が、あなたがたを愛しておられるのである。あなたがたが、わたしを愛し、わたしが神のもとから出て来たことを信じたからである。わたしは父のもとから出て、世に来たが、今、世を去って、父のもとに行く。」弟子たちは言った。「今は、はっきりとお話しになり、少しもたとえを用いられません。あなたが何でもご存じで、だれもお尋ねする必要のないことが、今、分かりました。これによって、あなたが神のもとから来られたと、わたしたちは信じます。」イエスはお答えになった。「今ようやく、信じるようになったのか。だが、あなたがたが散らされて自分の家に帰ってしまい、わたしをひとりきりにする時が来る。いや、既に来ている。しかし、わたしはひとりではない。父が、共にいてくださるからだ。これらのことを話したのは、あなたがたがわたしによって平和を得るためである。あなたがたには世で苦難がある。しかし、勇気を出しなさい。わたしは既に世に勝っている。」

日本基督教団　神戸東部教会　古澤啓太

新型コロナウイルスのことがなければ、きょう（二〇二〇年五月一七日）の午後から明日にかけ、教区定期総会が、開催されるはずでした。とりわけ、三役を担ってこられた仲間たちと、今晩あたり、任期満了のお祝いをしていたでしょう。ところが、では総会はいつ開催できるのか、その見通しが全くたたないまま、とにかく延期となり、任期もいつまで延びるか検討つかぬまま、とにかく延びました。

そうした中で、きょうの聖書箇所をひもとくと、ヘンリー八世の歌 “Pastime with good

company”が脳内に流れてくるのです。

よき仲間とのひとときが
私は大好きだし、死ぬまでそうする
ねたむ者もあるだろうが、だれも否定できない
私がこう生きるのを、神が喜ばれるように

死ぬまで仲間とのひとときが続くようにとの我が思いを、神が喜ばれんことを、といった内容です。さすがだ、と思います。往々にして、はやく終わりを迎えたい物事は長く続き、終わってほしくない物事はすぐに終わってしまう。ヘンリー八世も私どももそこは同じ。そして、他者に迷惑や被害を与えてしまう罪を重ねる日々を歩むのも同じ。ですので、どうせなら「死ぬまで」で区切らず、「死んだあとも続けるのだ」というほうが、神さまもお喜びになるだろうと思うのです。

主イエスご自身はどうでいらしたか？
死んだあとも仲間との交わりをお続けになる思いを持っておられました。そうでなけ

れば、裏切る者や、何かと話の通じぬ者たちに、「あなたがたがわたしを選んだのではない。わたしがあなたがたを選んだ」（一五章一六節）などとおっしゃる理由も必要もありません。

みなさんはいかがでしょうか。
すべてを「死んだらおしまい」とお考えでしょうか？
それとも「死んだあとも続く」とお考えでしょうか？

きょうの聖書は、十字架直前のお話です。まるで受難節のようです。ですが、いまの暦は復活節、それも昇天日間近です。もしも十字架の別れなら、そのあとすぐ復活があります。すぐまた会えます。いっぽう、復活のあと、となりますと、昇天の別れです。十字架の別れとはちがう別れが訪れます。ただ、どちらであっても、お別れが近いのはたしかです。それに、主は十字架も復活も昇天もみすえて、ふるまっておられます。

そんな別れがすぐそこまで来ています。二八節で、主はこうおおせです。

わたしは父のもとから出て、世に来たが、今、世を去って、父のもとに行く。

どこに行くか分かっておられても、それでも寂しかった、と思います。みんなで食すごはんも、この世ではこれがさいごです。「最後の晩餐」です。みんなと話せる時間もあとわずかです。これまでは色々たとえを用いて語ってきました。ですがそんな時間もありません。では、もう何も伝えらえないのでしょうか？　そうでもありません。

みなさんの中には、ある人の死がきっかけで、祈ることを始めた、といったかたが、おられると思います。それまでは、亡くなった人だけが祈り、結びの「アーメン」だけ唱えていたのだけれども、いまや、まるで亡くなられたかたの祈りを受け継いだかのように、祈るようになってしまった。「今度はあなたの番ですよ」と神さまから指名されたように、祈りの人へと変えられた。なぜそうなったのか？　それは聖霊が働いた、としか言いようがないのではないでしょうか。

もうすぐペンテコステ、聖霊降臨日です。「聖霊のことはよく分からない」というかたもおられるでしょう。ですが、祈ること、祈れること、それじたい、すでに聖霊が働いている証拠です。

はたからみれば、日々祈りを欠かさないクリスチャンであっても、生まれてすぐ、主の名によって祈り始めた、といったかたを、私は少なくとも存じあげません。やはり、代わりに、だれかが祈ってくださっていた。主イエス以外のだれかが、主の名によって祈りをささげてくださいました。それは、主が祈りたもうのと同じことです。しかもそれは、聖霊が働いている証拠でもあります。二六節にこうあります。

その日には、あなたがたはわたしの名によって願うことになる。

ですから、「わたしがあなたがたのために父に願ってあげる」とは言わない。そうとまでおっしゃいます。

では、「その日」が来るまでは、どうだったのでしょうか？

そういう問いをもって聖書をみてみますと、主が地上におられる間、弟子たちが祈った、といった記録はみあたりません。祈るのはいつでも主です。どう祈ったらよいか主に尋ねた（ルカ一一章一節）とはありますが、祈った、とは書いていません。祈るのはもっぱら主なのです。そんな、祈らない、祈れない者たちは、主がこの世からおられなくなったら、どうするのでしょうか？　どうなったのでしょうか？

祈る、ということをする人になったのです。

「この祈り、主イエス・キリストの御名によって祈ります、アーメン」。どうしてそう祈るのでしょうか？　祈り得るのでしょうか？　「祈れない」「祈らない」「もう祈らない」「いまは祈れない」、そんなときも、だれかが祈ってくれています。だれかが祈れないときは「私」が祈ります。日本が真夜中で多くの人が寝ているとき、昼間の地域の人が祈ってくれています。病で意識のない人の代わりに祈る人がいます。礼拝出席がままならぬ人の代わりに祈る人がおられます。礼拝出席がかなわぬ中で礼拝のため祈る人、礼拝に出席する人のため欠席しながらも祈る人がおられます。みな、主の御名によって祈る、ということができるから、祈るのです。

さる二〇二〇年四月九日（木）、受難週の洗足木曜日の礼拝では、ヨハネによる福音書一三章が読まれました。主は弟子たちの足を洗われました。なにもそれは「今後あなたがたの足を洗うのは永遠に私だ」というのではありませんでした。むしろ、あなたがたが洗い合うようになるためだ、ということがいわれています。そのための模範でありました。私どもに任せたいことが主にはありました。私どもを信頼し、私どもに期待しておられました。

そのとき、主のお言葉を聴いた弟子たちは感激して語ります（二九－三〇節）。ですが、主イエスの側は、その直前に「しばらくすると」（一六、一九節）ですとか、「その日には」（二六節）とおおせになっていました。それなのに三〇節で弟子たちは、「今、分かりました」と答えてしまう。ですから主は、最後になるほど、あなたたちは、私を見捨てて逃げ去る、と（三一－三二節）と予告なさる。そして、実際に見捨てて逃げ去るのです（マタイ二六章五六節、マルコ一四章五〇節）。

みなさんはどうでしょうか？　長いこと生きていれば、裏切られたり裏切ったり、見捨てられたり見捨てたり、いろいろとあったことでしょう。とはいえ、相手が主イエスとなると、そんなつもりも予定もないでしょう。

ですが、日常ではどうでしょうか？

たとえば、病院で入院している人へのお見舞を、想像してみてください。病院の面会時間には制限があります。面会時間が終わったらどうなるでしょうか？　立ち去らねばなりません。どんなにまだいたくても、立ち去らねばなりません。それは、裏切り者のような、見捨てて逃げ去るような、全くそんな気はなくても、そう感じてしまうかたもおられるでしょう。

では、立場が逆ならどうでしょうか？　入院している立場ならどうでしょうか？　面会時間が終わったらどうなりますでしょうか？　お見舞いに来てくれた人、付き添ってくれた人は去っていきます。そのさい「裏切られた」「見捨てられた」といった気持ちは抱かないまでも、得体のしれぬ力で引き離された気持ちにならないでしょうか。付き添いが去ったら、付き添ってもらいたくない悪魔とでもいえる存在がやって来たような気持ちになるやもしれません。マルティン・ルターであったら、壁にインク壺を投げつけるところだろうか、というような、得体のしれぬ何かが、私とあの人を引き離しにきたような、寂しさ、悔しさが込み上げてくる。ましてそれが、あしたこの世で目覚める保証ない状況だと、いっそう、強く感じるでしょう。

主は、そういう気持ちをよくご存じであるばかりか、体験なさいました。そのうえで三二節を読んでみますと、こうあります。

あなたがたが散らされて自分の家に帰ってしまい、わたしをひとりきりにする時が来る。いや、既に来ている。しかし、わたしはひとりではない。父が、共にいてくださるからだ。

これは強がりではありません。続く三三節にそれがあらわれています。

これらのことを話したのは、あなたがたがわたしによって平和を得るためである。あなたがたには世で苦難がある。しかし、勇気を出しなさい。わたしは既に世に勝っている。

「平和（シャローム）」。主はご復活後、外が怖くて鍵をしめて家に閉じこもる弟子たちの「真ん中」（二〇章二六節）にお越しになって、こうおおせになりました。「あなたがたに平和があるように」。二〇章の一九節、二一節（二六節も参照）。人間の、悩み、苦しみ、病、死への恐れも、裏切る者、裏切られる者の悩み苦しみも、逃げ去る者、逃げ去られる者の寂しさ、悲しさも、主はみんなご存じなのです。

さあ、では主イエスにどうおこたえいたしましょうか？

みなさんいろいろとアイディアをお持ちでしょうから聞いてみたい気持ちがわいてきますが、ここはまず聖書のアイディアを一緒にわかちあうことにしましょう。

ヘブライ人への手紙四章一四節から一六節にこうあります。

さて、わたしたちには、もろもろの天を通過された偉大な大祭司、神の子イエスが与えられているのですから、わたしたちの公に言い表している信仰をしっかり保とうではありませんか。この大祭司は、わたしたちの弱さに同情できない方ではなく、罪を犯されなかったが、あらゆる点において、わたしたちと同様に試練に遭われたのです。だから、憐れみを受け、恵みにあずかって、時宜にかなった助けをいただくために、大胆に恵みの座に近づこうではありませんか。

ここに「恵みの座」という言葉が出てまいりました。キリスト教史上は、「本来、内陣を身廊から区別する柵であったが、イギリス教会で、信徒がここにひざまずいて聖餐を受けたのを、メソジスト教会も継承した（ウェスレー・Jの死後のことといわれる）。特にメソジスト教会でこの語が用いられることが多い」と説明されます。メソジスト固有のもの、というわけでないにせよ、たしかに、「メソジスト教会でこの語が用いられることが多い」。実際に、私どもの礼拝堂には、そう呼んでいるところがあります。洗礼のとき、聖餐のとき、祝福を受けるとき、聖餐のあとかたづけをするとき、私どもは、恵みの座に近づきます。近づきがたさを感じるかたもおられるかもしれません。あるいは、「きょうは近づきがたい」、そんなときがあるかもしれません。ですが、そういう人も、そういうときがあっても、恵みの座に近づきます。それはなにゆえでしょうか？　勇気が出ているからではないでしょうか？　勇気をいただいているからではないでしょうか？

ではその勇気は、どこからいただいたのでしょうか？

中には、「勇気があると思ったことはないけれど、周りからみると勇気満々にみえるらしい」といったかたがおられます。とてもすてきなことです。その勇気は、あなたの中から出たのでなく、与えられたものだと周りが知っています。周りによく伝わっています。そういうかたは、その勇気をわかちあえたら、よりいっそう、あなたも相手も共に、勇気満々になることでしょう。

では、なにゆえ人は、勇気を出せるのか？　それは二七節にある通りです。

父御自身が、あなたがたを愛しておられるのである。あなたがたが、わたしを愛し、わたしが神のもとから出て来たことを信じたからである。

みなさんの中には、「主イエスが神のもとから出てきたのを信じるか信じないかで何がちがってくるのか実は疑問を抱いている」、というかたもおられるかもしれません。そんな疑問を持てることじたい「勇気」だと思いますが、では、それも含め、そうした勇気はどうしてやってくるのでしょうか？

それは、父なる神があなたを愛しておられるからです。ゆえに主は、二六節で、こうおおせになります。

その日には、あなたがたはわたしの名によって願うことになる。

願ってよい。だから、そうなった日にはもう、「わたしがあなたがたのために父に願ってあげる、とは言わない」。なにも、「中々祈ろうとしないあなたの代わりに願うのはもう御免だ。あとは自分でやって」というのでは決してありません。「父御自身が」「愛しておられ」るあなたが、「わたしを愛し、わたしが神のもとから出て来たことを信じた」。だから、もう大丈夫、あなたにはできる。勇気が出せる。そういう信頼関係が結ばれているのです。

勇気を出しなさい。わたしは既に世に勝っている。（三三節）

なにも、「あなたがたとちがって私は勇気が出せる」というのではありません。「あなたがた」は勇気を出せるとおっしゃる。ご自分のことをご自分のところで終らせないのです。わかちあってゆかれます。

では、どうして、わかちあおうとなさるのか？　ヨハネの手紙Ｉ五章四－五節にこうあります。

神から生まれた人は皆、世に打ち勝つからです。世に打ち勝つ勝利、それはわたしたちの信仰です。だれが世に打ち勝つか。イエスが神の子であると信じる者ではありませんか。

"We shall overcome!"

日本語版は、讃美歌第Ⅱ編一六四番『勝利をのぞみ』です。公民権運動の象徴のような歌であり、みなさんの中には、半世紀ほど前からずっと愛してきた愛唱賛美歌、といったかたもおられるでしょう。あるいは、オルガンの奏でるメロディーを耳にして、「あ、聞いたことある！」というかたも、きっと、おられるでしょう。

どのみなさんも、「勝利を望み、勇みて」、それぞれに、恵みの座に近づいてみませんか？　その意味で恵みの座とは、礼拝堂の恵みの座にかぎらず、また、礼拝堂に恵みの座があるかないかにかかわらず、折々に、それぞれの者の前に、神さまによって示されたもの、神の託したもう課題、ともいえるのではないでしょうか。神さまは憐れみたまい、み恵みをたまい、時宜にかなった御助けを必ずくださいます。

そうした、より多様で、それぞれに豊かに迫りくる意味での恵みの座、私どもそれぞれに、その時々に目の前に示される「恵みの座」に近づいて、そしてまた、生活の場、社会の「真ん中」（二〇章二六節）に、すすみ出ていきます。いただいた勇気を出しながら、勇気をわかちあいながら、押し出されていきます。

だから、憐れみを受け、恵みにあずかって、時宜にかなった助けをいただくために、大胆に恵みの座に近づこうではありませんか。（ヘブライ四章一六節）

日本基督教団　神戸東部教会　古澤啓太

【参考文献】

“Pastime with good company”：https://www.bl.uk/collection-items/pastime-with-good-company-composition-by-henry-viii（楽譜は大英博物館蔵〔パブリックドメイン〕）
『日本キリスト教歴史大辞典』教文館、一九八八年

復活節第七主日　―昇天日―

キリストの昇天と教会――ペンテコステに備えて

同志社大学キリスト教文化センター　越川弘英

使徒言行録一章一―一一節

テオフィロさま、わたしは先に第一巻を著して、イエスが行い、また教え始めてから、お選びになった使徒たちに聖霊を通して指図を与え、天に上げられた日までのすべてのことについて書き記しました。イエスは苦難を受けた後、御自分が生きていることを、数多くの証拠をもって使徒たちに示し、四十日にわたって彼らに現れ、神の国について話された。そして、彼らと食事を共にしていたとき、こう命じられた。「エルサレムを離れず、前にわたしから聞いた、父の約束されたものを待ちなさい。ヨハネは水で洗礼を授けたが、あなたがたは間もなく聖霊による洗礼を授けられるからである。」

教会暦と昇天日

使徒言行録一章にはイエス・キリストが天に昇っていかれた場面が記されています。

さて、使徒たちは集まって、「主よ、イスラエルのために国を建て直してくださるのは、この時ですか」と尋ねた。イエスは言われた。「父が御自分の権威をもってお定めになった時や時期は、あなたがたの知るところではない。あなたがたの上に聖霊が降ると、あなたがたは力を受ける。そして、エルサレムばかりでなく、ユダヤとサマリアの全土で、また、地の果てに至るまで、わたしの証人となる。」こう話し終わると、イエスは彼らが見ているうちに天に上げられたが、雲に覆われて彼らの目から見えなくなった。イエスが離れ去って行かれるとき、彼らは天を見つめていた。すると、白い服を着た二人の人がそばに立って、言った。「ガリラヤの人たち、なぜ天を見上げて立っているのか。あなたがたから離れて天に上げられたイエスは、天に行かれるのをあなたがたが見たのと同じ有様で、またおいでになる。」

同志社大学キリスト教文化センター　越川弘英

「天」とは、この場合、神がおられるところと言えるでしょう。クリスマスにおいて神のもとからやって来られた御子イエスは、この昇天によってふたたび神のもとへ戻っていかれたのです。

このことを記念して教会暦に「昇天日」という日が設けられました。歴史的にみると、最初の頃はどうもペンテコステの日が昇天日でもあったようです。二世紀の神学者であるテルトゥリアヌスがキリストはペンテコステの日に昇天したと記しており、四世紀の神学者エウセビウスもペンテコステは「救い主が天に昇られた日」であると共に「聖霊が降臨した日」でもあると述べているそうです（Ｊ・Ｆ・ホワイト『キリスト教の礼拝』越川弘英訳、日本基督教団出版局、二〇〇〇年、八七頁）。

しかし四世紀の終わり頃にキリストの昇天を記念する日と聖霊の降臨を記念する日が分けられるようになっていき、現在では昇天日はイースターから数えて四〇日目、ペンテコステから逆算すると一〇日前に記念されるようになりました。この日付については、先ほど読んだ使徒言行録一章三節で、「イエスは苦難を受けた後、（中略）四十日にわたって彼らに現れ、神の国について話された」と記されている箇所が決め手となったようです。

そういうわけで、今日、昇天日はイースターから数えて四〇日目とされているのですが、曜日でいうとこの日は毎年必ず木曜日にあたることになります。ですから正確に言えば先週の木曜日が昇天日だったわけですが、平日ということもあってか、キリスト教会、とくにプロテスタントの場合、あまり意識されることの少ない記念日かもしれません。今日は主日礼拝の中であらためて主イエス・キリストの昇天をめぐる出来事を取り上げ、聖書のメッセージに耳を傾けたいと思います。

天に昇った人・地に留まる人〜エリヤとエリシャ

さて聖書の中の昇天というとイエス・キリストの他にもうひとり、神によって天に引き上げられた有名な人物が出てきます。それは旧約聖書の列王記に登場するエリヤです。エリヤは紀元前九世紀半ば、イスラエル王国で活躍した大預言者であり、その弟子にエリシャという人がいました。このエリヤが神によって天に引き上げられていく場面が次のように記されています。

彼らが話しながら歩き続けていると、見よ、火の戦車が火の馬に引かれて現れ、二人の間を分けた。エリヤは嵐の中を天に昇って行った。エリシャはこれを見て、

「わが父よ、わが父よ、イスラエルの戦車よ、その騎兵よ」と叫んだが、もうエリヤは見えなかった。（中略）エリヤの着ていた外套が落ちて来たので、彼はそれを拾い、ヨルダンの岸辺に引き返して立ち、落ちて来たエリヤの外套を取って、それで水を打ち、「エリヤの神、主はどこにおられますか」と言った。エリシャが水を打つと、水は左右に分かれ、彼は渡ることができた。

エリコの預言者の仲間たちは目の前で彼を見て、「エリヤの霊がエリシャの上にとどまっている」と言い、彼を迎えに行って、その前で地にひれ伏した。（列王記下二章一一－一五）

この記述によれば、エリヤの昇天はかなり突発的な感じで、短い間にダイナミックな出来事が起こったという印象です。エリヤの姿が見えなくなった後、その外套が落ちて来たというのは何やらユーモラスな感じもしますが、その外套で水を打つとヨルダン川がふたつに割れたというのです。ヨルダン川をふたつに割るという奇跡はこの場面の少し前でエリヤも行っています。また古くはヨシュアの時代にも起こった奇跡であり、出エジプト記にはモーセが海をふたつに分けたという物語も伝えられています。このエピソードは、エリシャもそのような神によって選ばれた歴代の指導者や預言者たちと並ぶ存在となったことを伝えているのでしょう。仲間の預言者たちは、「エリヤの霊がエリシャの上にとどまっている」と言いました。エリシャはエリヤの霊、すなわち神の力と神の使命を受け継ぎ、神の人として働く者となったのです。古ぼけた外套と神の霊。そのふたつを受け継いでエリシャは歩みつづけます。天に昇ったエリヤは、エリシャを通して、この地上で生きて働きつづけるのです。

天に昇った人・地に留まる人～イエスと弟子たち

さてイエス・キリストの昇天の物語に戻りましょう。イエス様は復活の後、四〇日にわたって弟子たちに現れて教え、「エルサレムを離れず、前にわたしから聞いた、父の約束されたものを待ちなさい」（使徒一章四節）と言われました。「約束されたもの」とは聖霊のことです。イエス様は「あなたがたの上に聖霊が降ると、あなたがたは力を受ける。そして、エルサレムばかりでなく、ユダヤとサマリアの全土で、また、地の果てに至るまで、わたしの証人となる」（八節）と言われました。

エリヤとエリシャがそうであったように、イエス様と弟子たちの間にも、霊を受けるという出来事が語られています。エリヤもイエス様も天に昇り、その姿が見えなくなった後も、その代わりに降って来る霊によって、エリシャや弟子たちは神の力を受け継ぎ、神の人として働く者となるのです。両者に異なる点があるとすれば、エリシャの場合、イスラエルの伝統と人々の中で働くことが期待されていたのに対し、イエス様の弟子たちは地の果てに至るまで主イエス・キリストの証人として働くことが期待されていることでしょう。

ところでイエス様の昇天が弟子たちとイエス様の別れの出来事だったことも覚えておかなければなりません。この日以降、弟子たちは顔と顔を合わせるかたちでイエス様と交わり、イエス様の後からついて行くというわけにはいかなくなったのです。

「イエスは彼らが見ているうちに天に上げられたが、雲に覆われて彼らの目から見えなくなった。イエスが離れ去って行かれるとき、彼らは天を見つめていた」（九－一〇節）という記述からは、イエス様の昇天という出来事に驚く弟子たち、別れの悲しみや寂しさ、心細さ、そして呆然《ぼうぜん》とした思いにとらわれた弟子たちの姿が浮かび上がってくる気がします。

そのような思いで天を見上げて立っている弟子たちのそばに「白い服を着た二人の人」が登場します。それは天使であったと思われますが、この人たちは弟子たちに向かって、次のように告げるのです。

なぜ天を見上げて立っているのか。（一一節）

すでにイエス・キリストは天にいて、あなたたちは地上にいる。あなたがたにはこの地上で与えられる使命がある。あなたがたはこの地上に留まり、生きて、働くのだ。

天に上げられたイエスは、天に行かれるのをあなたがたが見たのと同じ有様で、またおいでになる。（一一節）

それはイエス様の再臨を約束する言葉でした。来たるべき未来における主との再会の約束を信じなさい。天を見上げているあなたがたのまなざしを、この地上へと移しなさい。主が教えてくださったようにあなたがたの為すべきつとめを果たしなさい。エリシャがその師であるエリヤの霊とこころざしを受け継いだように、あなたがたも主イエス・キリストの証人として、聖霊を受け、神の国を告げ広めるために歩み出しなさい。

「いつもあながたと共にいる」（マタイ二八章二〇節）と約束してくださるイエス・キリ

ストを覚えつつ、私たちに与えられた時と場において、主の御用のために励みましょう。この時代とこの世界の中で、私たちの宣教の課題に取り組み、主の栄光をわずかなりとも顕すことに努めましょう。そのようにしてこの地上の道を耐え忍びつつ歩み抜くことを通して、やがていつか私たちは主の再臨の栄光に出会うことになるにちがいありません。

ペンテコステに備えて

さてさらにもうひとつ、ここで考えてみたいことがあります。それは昇天日からペンテコステまでの一〇日間という日々を私たちがどう過ごすかということです。

ご承知のように、ペンテコステはイースターやクリスマスと並ぶ教会の三大祝祭日のひとつです。そして教会暦では、クリスマスに対してはそれに備える準備の期間としておよそ四週間にわたるアドベントがあります。イースターに対しても準備の期間として六週間あまりにわたって続くレントがあります。ところがペンテコステの場合、アドベントやレントにあたる準備の期間はありません。私はひとつの新しい提案として、昇天日から始まる一〇日間をペンテコステに備える準備の期間として過ごすということを考えてみたいと思います。

アドベントやレントは、神と主イエス・キリストの恵みをあらためて想い起こしながら、私たちの常日ごろの信仰や生活を振り返るための期節です。

アドベントの場合、私たちは聖書に記された天地創造や人間の創造に始まる神の恵みのわざ、その後に続いて起こった人間の罪、そしてこの世の様々な問題や葛藤を覚え、また私たち自身とこの世の現実を振り返り、そしてそれにもかかわらず、この世を愛し私たちのために救い主を送ってくださった神の恵みを想いつつ主の降誕に備えるのです。レントにおいても、私たちはイエス様の地上における様々な働きと御言葉を想い起こし、私たち自身とこの世の現実を深く見つめ直しつつ、主の十字架と復活に備えるのです。

これらと同じように昇天日からの一〇日間もやはり神とイエス・キリストの恵みを覚え、私たちとこの世界を顧みながら聖霊の降臨、ペンテコステに備える日々として過ごすようにしてはどうでしょう。ただしアドベントやレントとは少し違って、この一〇日間には、私たち個々人やこの世の問題を心に留めるだけでなく、とりわけ私たちの教会の現実と課題ということに関心を向けたいと思うのです。

教会を見つめ直すとき

この点について、今日読んだ使徒言行録の続きの箇所を見てみましょう。そこにはイエス・キリストの昇天の後、弟子たちが何をしたかが記録されています。イエス様を裏切ったイスカリオテのユダがいなくなったために、十二弟子の中にはひとりの欠員が生じていました。弟子たちはこの欠員を補充するために、マティアという人物を選んだと伝えられています。つまりイエス様が昇天した後、弟子たちがまず行ったのは自分たちの群れをもういちど整え直すという仕事だったのです。

ペンテコステは「教会の誕生日」と言われることがあります。聖霊が降り、教会がそこから始まったということです。けれども厳密に言えば、教会はすでにそれ以前から弟子たちの群れというかたちで存在していたのです。そして弟子たちも自分たちの教会を見つめ直し、それを整えることに関心を寄せていたことが分かります。

そうであるとすれば、ペンテコステというのは、教会の生まれた日というよりも、弟子たちの群れである教会に聖霊が下り、弟子たちが外部の人々に向かって福音を大胆に語り始めた日であったというほうがふさわしいように思います。すなわちペンテコステとは「教会の宣教が始まった日」と言うべきだろうと思うのです。

ここで私たちが注目したいのは、その聖霊降臨よりも前に弟子たちが自分たちの群れを見つめ直し、宣教に備えて教会を整え直す作業をしていたという事実です。

昇天日からペンテコステまでの一〇日間。私たちもまたこうした弟子たちの姿に見倣いたいと思います。そして私たちの教会が直面している課題や現代の教会を取り巻いている現実に思いをめぐらしてみたいと思います。

神に召し出されたものの集いとしての教会。

キリストの証人としてそのみわざを受け継ぐ教会。

聖霊のもとで宣教の器として大胆に働きつづける教会。

そうした教会の本来の姿を想い起こしながら、「今・ここ」にある私たちの教会の現実と課題を、昇天日からの一〇日間にもういちど真摯《しんし》に見つめ直してみたいと思います。

はたして私たちの教会は、キリストの名によって立つ教会としてふさわしく歩んでいるでしょうか。

これまでの教会の歩みを振り返り、私たちの至らざるところ・足らないところを神の御前に告白し、赦しを求めましょう。そしてそれにもかかわらず、どのようなときにも、この教会を愛し、支え、育んでくださる神に感謝を献げましょう。私たちの教会が主イエス・キリストの教会として新たにされることを祈り求めましょう。

願わくは、来たるべきペンテコステにおいて、最初の弟子たちがそうであったように、私たちの教会の上にも豊かな聖霊の注ぎが生じ、福音宣教の働きへと押し出されていくものとなりますように。昇天の主イエス・キリストを覚え、またやがていつか主の再臨の栄光に出会う約束を覚え、この祈りを共に主に献げたいと思います。

編者あとがき

日本聖書神学校教授　荒瀬牧彦

教会暦、すなわちキリスト教の礼拝の暦とは、どういうものでしょう。それは、一年の自然のサイクルという「円環」に、創造から終末へと向かう救済史という「線」をのせることによって、一年のカレンダーの中で聖書を辿《たど》りつつ信仰の旅路を歩んでいけるよう構成した教会の知恵、と言えるでしょう。それは、律法や福音が命じたものというのではもちろんなく、新約聖書と同時に形成されたというものでもなく、教会の礼拝実践の中で長い時間をかけてゆっくり作り上げられてきたものです。プロテスタント教会では、中世カトリック教会の聖人やマリアへの崇敬や特定の期間の節制といった行いが前面に出てしまっている典礼暦を批判し、聖書主義の立場から教会暦を軽視する時代が続きました。しかし現代では多くの教派において、信仰共同体が聖書に従って生きるための教会暦と聖書日課（レクショナリー）を見直して、聖書や教理の教育や福音宣教のために積極的に活用するようになっています。

わたしたちはこの礼拝の暦によって、自分たちの暮らす土地の季節の巡りの中で、各々の季節の彩りに結びつけながら聖書に根拠を置く祭りを祝っていきます。それは毎年習慣として繰り返される年中行事として定着し、生活や文化という土壌に根をおろして泥臭い力を発揮するものです。しかし、同時に、それが単なる儀式の反復であってはならない、という点も忘れてはなりません。聖書が描き出しているのは、神の民は旧約から連続している神の救いの計画という道を未来へ向かって不可逆的に進んでいるという歴史観であって、それは、人間や自然の営みは無限に循環しているという円環的時間理解を拒否するからです。歴史は自然に呑み込まれないのです。さらに、歴史における神の業を想起するアナムネーシスというのは、単に「昔こういうことがあった」と懐かしむことではなく、それを現在化するものである、というのが聖書の民の信仰です。キリストの出来事はカイロスであって、クロノスの中の一時点にしまい込むことは本質的にできないのです。

　したがって教会暦というのは、便宜的には一年で一巡りする円で表すことのできるものでありつつ、実は、くるくると回りながら上へと登っていく螺旋階段のようなものなのです。この本において、キリストの死と復活の出来事をまったく同じ聖書の記事から語りながら、今まで聞いたことのない種類の、まさにこの時代の感性でとらえられ、こ

日本聖書神学校教授　荒瀬牧彦

の時代のことばで言い表された新しい説教にわたしたちは出会います。それは、神の民は同じ所を回っているのではないということの証左でしょう。

キリスト者にとっての礼拝の暦の基本は、「主の日」にあります。主イエスが復活された「週の初めの日」に信徒たちは集い、賛美し、パンを裂き、使徒の教えに聴き、祈るようになりました。それは復活のキリストのいのちを祝う日であり、終末の祝宴を先取りして新しい創造を祝う「第八の日」でした。今もわたしたちは、すべての主の日を「リトル・イースター」として祝います。

最も早くに一年の暦の中に固定的な位置を占めたのが復活祭であったというのは、イースターが主の日の年一回特別版（典礼学者マーク・イーリーの表現で言えば「ビッグ・サンデー」）であることを考えると容易に納得できます。復活祭がいつ頃からどのように祝われるようになったのかは地域によっても違いがあるようで、単純には言えないことなのですが、三世紀のエジプトまたシリアでは、キリストの死から命への過越を記念する三日間（後にパスカル・トリデュームと呼ばれる木曜夜から日曜早朝にかけての時間）が祝われていたようです。

復活日の祝祭は、二世紀には五十日の祝いに拡張されていきます。復活「節」となっていくのです。その日々は毎日が日曜と同様に扱われ、（他の期節には行っていた）断食や跪いての祈りを行いませんでした。また、後には復活節の二番目から七番目の主日にそれぞれ主題が割り振られ、「クアジ・モド・ゲニティ（今生まれた乳飲み子のように）」や「ユビラーテ（喜べ）」といった各主日の名称となっていきました。三、四世紀には、五十日目に聖霊降臨と昇天を祝う地方が出てきて、やがてそれは広まっていきました。四世紀末になると、昇天が聖霊降臨祭からは分離されて、聖書の記述通りに四十日目に祝われるようになっていきます。

復活節の前に向かっても教会暦の期節は拡大されていきました。それがレント（受難節・四旬節）です。エジプトでは遅くても四世紀初頭から、イエスの荒れ野の四十日に倣う四十日の断食の期間が生まれていたようです。エジプトでは「イエスの洗礼」の日に続く期節でしたが、それが他の地域にも広まるとローマや北アフリカでは、復活祭の前に置かれるようになりました。復活祭が洗礼の時だったからでしょう。最初は洗礼志願者のための洗礼準備の仕上げとなる悔い改めと祈りの期間でしたが、やがて教会全体がそれを共に守るようになっていきます。

キリストの復活の祝祭が暦の中心となり、その前と後に重要な期節が展開し、それが教会暦の中核部分となりました。この本は、その中核部分の各主日と、受難節の始まりとなる灰の水曜日と、受難週の洗足木曜日（掟の木曜日）と受難日、そして復活節第六主日の後にくる昇天日の説教を収めています。執筆者は異なるいくつかの教派に属する方々ですが、日本基督教団の主日聖書日課から説教テキストを選んでいただくようにお願いしました。

寄せられた説教を読みながら私の受けた印象は、どの説教者も、自分が今どこに立っていて、何を見ていて、どう感じているのかを覆い隠さず、自分の人生や生活というフィルターを通過して出てきたメッセージを個性をもって語っている、ということです。時として説教の枕詞に用いられてしまう「退屈な」原稿にはお目にかかりませんでした。高名な説教者の亜流に感じられたり、「堅実な講解説教」と評される無難なものというより、ユニークな読みや斬新なイラストレーションに意表をつかれたり、「こんなこと言って大丈夫？」とドキドキさせられるような説教、言い換えれば、語る者の現在がはっきりと見える説教をお届けできることを編者として喜んでいます。執筆者は、本シリーズ編者の一人である越川弘英氏を除けば、皆、中堅か若手の方々です。「昭和の内輪向け教会お得意のフレーズ」（二四〇頁）を打ち破ろうとする勢い、そして瑞々しさを感じていただけるものと思います。

編者あとがき

二〇二〇年という年に編まれた書として、この説教集は必然的に、新型コロナウィルスという病禍の翳《かげ》りを帯びたものとなっています。また、多くの説教にパンデミックによっていよいよ露わにされてきた世界の諸問題がもたらす闇の深さが表れています。説教者たちはその闇の中でイエスの死を見つめ、その復活の意義を問い、黙想し、語ります。きれいな形にまとめられなかったにしても、今この時でなければ語れないことを語ろうと試みています。どうかその渾身のことばを受け取る皆さんが、イエス・キリストの死と復活の出来事を御自分の中で経験することへと導かれますように。

今立っている場所からの生きたメッセージを寄せてくださった書き手の皆さんと、熱意をもって編集にあたられた桑島大志さんに心からの感謝をささげます。

日本聖書神学校教授　荒瀬牧彦

第５主日

百　武　真　由　美（ひゃくたけ・まゆみ）

1984 年東京都生まれ、横浜育ち。立教大学文学部キリスト教学科卒業、東京神学大学大学院神学研究科博士課程前期課程修了、武蔵野大学通信教育部人間科学部人間科学科心理学専攻卒業。

現　職　学校法人遺愛学院遺愛女子中学校高等学校教務教師、日本基督教団函館教会協力牧師。

第６主日

古　澤　啓　太（ふるさわ・けいた）

1973 年群馬県生まれ。関西学院大学大学院神学研究科博士課程前期課程修了。同後期課程単位取得退学。

現　職　日本基督教団神戸東部教会主任担任教師。

第７主日（昇天日）

越　川　弘　英（こしかわ・ひろひで）

1958 年東京生まれ。同志社大学神学部、シカゴ神学校卒業。

現　職　同志社大学キリスト教文化センター教員。

著　書　『旧約聖書の学び』、『新約聖書の学び』、『キリスト教史の学び（上）・（下）』、『今、礼拝を考える』、『礼拝改革試論』（以上・キリスト新聞社）など。

訳　書　Ｊ・ガーデン編『世界を結ぶ祈り』（共訳、日本キリスト教団出版局）、Ｅ・Ｈ・ピーターソン『牧会者の神学』（日本キリスト教団出版局）、Ｗ・ウィリモン『礼拝論入門』（共訳、新教出版社）など。

【復活節】

復活日（イースター）

関 野 和 寛（せきの・かずひろ）

東京都生まれ。青山学院大学、日本ルーテル神学校卒業。香港ルーテル神学校牧会宣教博士課程修了。

現　職　米国ミネソタ州アボットノースウェスタン病院チャプレン。日本福音ルーテル教会牧師。

第２主日

渡 邊 さ ゆ り（わたなべ・さゆり）

1969年大阪府生まれ。関西学院大学神学部博士課程後期課程単位取得満期退学。

現　職　彰栄学園宗教主任、マイノリティ宣教センタースタッフ、日本バプテスト同盟寝屋川キリスト教会協力牧師。

第３主日

飯 田 　 岳（いいだ・たかし）

1975年愛知県生まれ、東京都育ち。北海道大学大学院修士課程修了。インマヌエル聖宣神学院卒業。アズサ・パシフィック大学大学院修士課程修了。

現　職　東京フリー・メソジスト教団南大沢チャペル牧師。

訳　書　N・T・ライト著『イエスの挑戦』（いのちのことば社）

第４主日

近 藤 愛 哉（こんどう・よしや）

1977年横浜市生まれ。国際基督教大学教養学部卒業、聖書宣教会神学舎卒業。

現　職　保守バプテスト同盟盛岡聖書バプテスト教会牧師、盛岡医療福祉スポーツ専門学校非常勤講師。

著　書　『被災地からの手紙 from 岩手』（いのちのことば社）

第４主日

友　野　富　美　子（とものˑふみこ）

1964 年東京都生まれ。明治学院大学社会福祉学科卒業、日本聖書神学校卒業。

現　職　日本基督教団吉祥寺教会副牧師。

第５主日

山　口　義　人（やまぐち・よしと）

1973 年福島県生まれ。関西学院大学神学部卒業。

現　職　日本基督教団大阪城北教会牧師。学校法人大阪城北学園藤ヶ丘幼稚園理事長・園長。

第６主日（棕梠の主日）

北　村　裕　樹（きたむら・ひろき）

1976 年京都府生まれ。同志社大学大学院法学研究科前期課程修了。同志社大学大学院神学研究科博士課程前期課程修了。

現　職　日本基督教団武蔵野扶桑教会牧師。

洗足木曜日

橋　本　祐　樹（はしもと・ゆうき）

1980 年兵庫県生まれ。関西学院大学神学研究科博士課程後期課程修了。

現　職　関西学院大学神学部教員。

著訳書　『高齢社会と教会』（共著、キリスト新聞社）、WCC『いのちに向かって共に／教会』（共訳、キリスト新聞社）など。

受難日

宮　井　岳　彦（みやい・たけひこ）

1978 年横浜市生まれ。東海大学理学部数学科卒業、東京神学大学大学院神学研究科博士課程前期課程修了。

現　職　カンバーランド長老キリスト教会さがみ野教会牧師。

－執筆者紹介－

【受難節】

灰の水曜日

吉　岡　恵　生（よしおか・やすたか）
1985年横浜市生まれ。同志社大学神学部大学院神学研究科博士課程前期課程修了。
現　職　日本基督教団高槻日吉台教会牧師。
著　書　『立ち上がれ！』（キリスト新聞社）

第１主日

宮　岡　真　紀　子（みやおか・まきこ）
1976年愛媛県松山市生まれ。関西学院大学大学院神学研究科博士課程前期課程修了。
現　職　日本基督教団北千里教会主任担任教師、関西学院初等部非常勤講師。

第２主日

長　倉　　望（ながくら・のぞむ）
1973年奈良県生まれ。東北大学理学部卒業、同志社大学大学院神学研究科博士課程前期課程修了。
現　職　日本基督教団新潟教会牧師、敬和学園高等学校非常勤講師、新潟薬科大学非常勤講師。

第３主日

宮　川　忠　大（みやかわ・ただひろ）
1977年千葉県生まれ。日本聖書神学校卒業。
現　職　日本基督教団横浜本牧教会牧師。

—編者紹介—

荒瀬《あらせ》　牧彦《まきひこ》

1960年、横浜に生まれる。
上智大学法学部、東京神学大学大学院修士課程修了。
日本聖書神学校教授、カンバーランド長老キリスト教会あさひ教会牧師（代務者）、フレンドシップあさひカウンセラー。

著訳書
『関西学院大学神学部ブックレット13　音楽と宣教と教会』、『礼拝改革試論』、『クリスマスへの旅路』、『聖霊の降臨——使徒の働き・初期教会の歩み』（いずれも共著、キリスト新聞社）、『そうか！なるほど!!キリスト教』（監修、日本キリスト教団出版局）、ポール・ブラッドショー『初期キリスト教の礼拝　その概念と実践』（訳、日本キリスト教団出版局）、他。

新版・教会暦による説教集
イースターへの旅路 ——レントからイースターへ

2021年2月10日　第1版第1刷発行

編　者　荒瀬牧彦

発行所　キリスト新聞社
〒162-0814　東京都新宿区新小川町9-1
早稲田オフィス
〒169-0051　東京都新宿区西早稲田2-3-18AVACOビル6階
電話 03-5579-2432
URL. http://www.kirishin.com
E-Mail. support@kirishin.com
印刷所　モリモト印刷

ISBN978-4-87395-788-3　C0016（日キ販）　Printed in Japan